Política

Vanessa Lillo

El lenguaje de VOX
y su impacto en el debate público

Un análisis del discurso de VOX
en la Asamblea de Madrid (2019-2023)

sequitur

sequitur [sic: *sékwitur*]:
Tercera persona del presente indicativo del verbo latino *sequor*:
procede, prosigue, resulta, sigue.
Inferencia que se deduce de las premisas:
secuencia conforme, movimiento acorde, dinámica en cauce.

© Ediciones sequitur, Madrid, 2024
www.sequitur.es

ISBN: 978-84-128025-3-5
Depósito legal: M-11438-2024

Hecho en Madrid

Índice

PRÓLOGO

El texto que ustedes tienen en sus manos es parte de un trabajo académico. Pero posee una cualidad excepcional: es el fruto de conjugar la vocación teórica con la militancia política. Vanessa Lillo, su autora, ha ejercido durante más de una década responsabilidades políticas en instituciones. Primero como concejala en el ayuntamiento de Getafe y posteriormente como diputada regional en la Comunidad de Madrid. Siempre en representación de Izquierda Unida y el Partido comunista. Mujer de principios, los valores éticos forman parte de su militancia. Su ejemplo debe tenerse en cuenta a la hora de iniciar la lectura que nos propone. Sin esta consideración, no se puede comprender el alcance de su propuesta.

Sin apego al "cargo", en 2017 renunció por desavenencias con PODEMOS a la concejalía del ayuntamiento de Getafe y, en 2023, decidió no formar parte de las listas como candidata a la Asamblea de Madrid. Fruto de su experiencia, como diputada en la Comunidad Autónoma de Madrid durante las XI y XII legislaturas, nos presenta sus reflexiones sobre las consecuencias de la incorporación de VOX a las instituciones. Durante estos años, Vanessa

Lillo, compaginó su trabajo político con su vocación intelectual, derivada de su formación académica, siendo como es licenciada en Ciencias de la Información. Así, decide en 2022 matricularse en el programa de maestría de la UNED: *Comunicación, cultura, sociedad y Política.* Tras los cursos y definir su deseo de analizar el discurso de VOX en las instituciones y sus repercusiones el debate público, inició su trabajo de fin de Master. En su lectura pública, a la cual tuve el honor de asistir, visualicé la importancia de su investigación, tanto como los resultados obtenidos. El tribunal le concedió la calificación de *sobresaliente.* Tras el acto protocolario, la animé a reescribir el trabajo. Vanessa Lillo, aceptó el reto y se dio a la tarea de transformándolo en un ensayo, cuyo resultado no puede ser más esperanzador. Abre puertas, analiza y pone al descubierto la dinámica sobre la cual VOX levanta su arquitectura discursiva. Su lectura, resulta necesaria para quienes deseen conocer a fondo la lógica interna sobre las cuales VOX construye su pensamiento ideológico.

Vanessa Lillo nos presenta un trabajo estructurado, profundo y clarificador del rol de la extrema derecha en las instituciones. Sin duda, constituye un esfuerzo seminal a la hora de abordar el comportamiento político de VOX. Original en su propuesta de análisis, ha diseccionado, con un lenguaje riguroso, sin pomposidad, el conjunto de propuestas de VOX, construidas como metáforas de la vida cotidiana. Ha manejado autores, recurrido a los clásicos y puesto al día los argumentos que se creían superados a la hora de construir las alternativas políticas de la extrema derecha. Su claridad expositiva nos da pautas para comprender cómo una organización, cuyas propuestas son parte de un proyecto castrador de los derechos humanos, se convierte en poco tiempo en un referente para el debate público. Su capacidad para el análisis del discurso, eleva el texto a una dimensión estratégica, advirtiendo de las consecuencias de un relato afincado en el odio y el miedo, para el ejercicio de la ciudadanía política.

Durante sus dos períodos legislativos como diputada en la Comunidad de Madrid (2019-2023) le tocó convivir con la presencia de VOX. Compartir debates con sus portavoces, discutir en comisión sus propuestas y enfrentarse a una manera de entender la política que, contraria a toda práctica democrática, le alertó sobre la necesidad de descifrar su discurso. Vanessa Lillo, vivió en primera persona sus embates, sus descalificaciones y su manera de comportarse. En su compromiso militante y teórico, en la necesidad de dotar de argumentos y hacer pedagogía, concibió este estudio que hoy tienen en sus manos.

En este prólogo, quisiera resaltar y así lo subraya la autora, cómo esta corriente ideológica juega sus cartas en todas las instituciones y órdenes sociales donde está presente. Sus representantes declaran ser partidarios de la desigualdad bien entendida, de la superioridad de la raza blanca mejor explicada, de la homofobia sin estridencias, de la propiedad privada sin límites, de la sociedad ordenada y segura, de la identidad patria. De una inmigración sana y controlada. De leyes aplicadas con criterio. Asimismo, promueven una educación defensora de la familia y la moral católica. Son partidarios de la igualdad entre hombres y mujeres, eso sí, al margen de las ideologías feministas. Reivindican un patriarcado sin estridencias. Defensores de la vida, no aprueban el aborto, ni la muerte digna. Son contrarios a condenar el golpe de Estado que acabó con la II República en 1936, y se reflejan en el orden dictatorial franquista. Rechazan las leyes de memoria histórica. En un discurso apocalíptico se autoproclaman guardianes de la civilización occidental. Para VOX, España se encuentra secuestrada por antipatriotas, comunistas, separatistas y lo que ha denominado "bilduetarras"

La autora, ha sabido encontrar dónde y cómo han construido sus argumentos. Para ello ha trabajo todas las propuestas, discursos, comparecencias que los diferentes portavoces de VOX han manifestado en las sesiones plenarias. Un trabajo que tiene recompensa. Su mérito radica en algo poco común, ser una propuesta para la acción política y la praxis teórica. Ahora deben ustedes seguir el camino de la reflexión y sacar sus conclusiones. Vanessa Lillo nos pone en el camino.

Marcos Roitman Rosenmann
Universidad Complutense

Introducción

El lenguaje saca a la luz aquello que una persona quiere ocultar de forma deliberada, ante otros o ante sí mismo, y aquello que lleva dentro inconscientemente. Las afirmaciones de una persona pueden ser mentira, pero su esencia queda al descubierto por el estilo de su lenguaje.

(Klemperer, 2001, p.25)

Fui expulsada del hemiciclo y sólo transcurría la primera sesión plenaria de la legislatura. La candidata del Partido Popular, Isabel Díaz Ayuso, sería investida como Presidenta de la Comunidad de Madrid. Así comenzaba mi andadura en la XII legislatura. La presidenta de la Cámara decidió que lo mejor para asegurar la buena marcha del trabajo parlamentario, dirigir los debates y mantener el orden era que yo abandonase el hemiciclo. Rocío Monasterio, portavoz de VOX en la Asamblea, se estrenaba demostrando cómo la oración más sencilla puede esconder una intención más compleja. "Yo he dicho que los perjudicados por la actividad ilegal del señor Mbayé son los comerciantes honrados". Estas fueron las palabras que usó para referirse a otro diputado de la cámara, Serigne Mbayé, conocido activista antirracista de origen senegalés que llegó a nuestro país en patera y durante un tiempo sobrevivió en el *top manta*. Mi rechazo a tal afirmación fue la razón de mi expulsión.

Invocar el sufrimiento como una acción delictiva y contraponer a empresarios y comerciantes en tanto víctimas de la inmigración, no era un juego inocente ni carente de peligro. La manipulación y demagogia en el uso de la palabra tenía su razón de ser. Criminalizar al inmigrante que viene en patera frente a quienes arriban en yates, vuelan en primera clase y gozan del privilegio de la "Golden Visa", era el objetivo. Ahí pude constatar el significado de las formas discursivas que utiliza la derecha para marcar sus propuestas ideológicas. Mi expulsión concitó la anuencia de toda la derecha del hemiciclo, aplaudiendo la decisión. La humillación de los valores éticos y la dignidad que contenía el discurso de la portavoz de VOX, pasó de largo.

Lo relatado no estuvo exento del fuego amigo, siendo recriminada por mi actitud. Momentos de reflexión, que hicieron que me preguntara qué implica ser militante comunista a la hora de defender nuestras convicciones y proyecto revolucionario de transformación social en las instituciones. No tuve dudas, por principios y dignidad, volvería a tener la misma conducta, aunque fuese expulsada de cualquier institución. En sentido contrario, el 11 de noviembre de 2021, la diputada del PSOE Carmen López, demandó al Partido Popular, en medio del debate sobre la corrupción y tráfico de influencia: "mirar hacia el hermano de la señora Ayuso, que sí que se dedica a ir por los hospitales a sugerir a las unidades de contratación a qué empresa hay que contratar". La presidenta de la Asamblea, María Eugenia Carballedo, la llamó al orden, exigiéndole retirar sus afirmaciones. Al negarse, fue expulsada de la sesión plenaria. Esta decisión, en contraposición a la actitud indiferente del bloque progresista con mi expulsión, conllevó al abandono del hemiciclo de la oposición en bloque en solidaridad con la expulsada, a lo cual, de forma inaudita se sumaría VOX.

Este episodio vendría a recordar la "banalización del discurso de odio",[1] un proceso que no solo tiene que ver con quién emite el mensaje, sino también con la (no) respuesta de quien lo recibe. Una característica del llamado nuevo "discurso de odio pop" practicado por Bolsonaro, Trump, Abascal, Le Pen o Meloni, entre otros. Un fenómeno que recuerda a la banalidad del mal teorizado por Hannah Arendt.

Ambas experiencias dieron pie a definir el proyecto Fin de Máster realizado en la UNED. Era el espacio idóneo para investigar el alcance de la *institucionalización del discurso de odio*. El uso de las Cortes, los Parlamentos autonómicos y los Ayuntamientos, inoculando mensajes que entrañan un riesgo para la convivencia democrática, debía ser explicado con el fin de poner al descubierto sus consecuencias para la vida democrática. ¿Cómo recibía la ciudadanía tales mensajes?

Siempre han existido manifestaciones públicas asentadas en el odio. Sin embargo, en los últimos tiempos asistimos al cuestionamiento y negación de derechos democráticos, apoyándose en el miedo al otro. Sea en el campo de las políticas de igualdad de género, la libertad afectivo-sexual, relativos a la población migrante, o los referidos a menores extranjeros no acompañados, dichos mensajes han cobrado fuerza. Aun así, no debemos olvidar que la lucha y los avances por asentar los derechos humanos y ciudadanos en el ámbito económico, cultural, social, político, de género y étnico forman parte de la historia de las reivindicaciones de las clases sociales dominadas y explotadas.

El problema radica en comprender el mecanismo que utiliza la derecha para introducir su discurso y lograr su objetivo. En un contexto institucional, los discursos constituyen una práctica social que incluye condiciones para su producción, circulación y realización. Por ello, en mi investigación, resultó obligado analizar el comportamiento semiótico de VOX en la Asamblea de Madrid. En este sentido, los enunciados lingüísticos llevan la marca de quienes los producen y dan sentido creando realidad social.

El rol formativo del lenguaje alerta sobre las actuaciones que practica la derecha en las instituciones. Espacio utilizado como caja de resonancia en el terreno ideológico para la acción política. Conocer los mecanismos y los procedimientos que utilizan para producir un tipo de relato considerado aséptico frente al "mundo ideologizado" que presenta la izquierda, este es el *factótum* de la derecha: imponer su agenda en el debate público como si se tratase del "sentido común". Normalizar la construcción de un mundo el que no cabe todo el mundo.

Esta agenda de la derecha no ha concitado el interés de las ciencias sociales hasta hace muy poco tiempo, salvo los estudios históricos, motivados por el fascismo y el nazismo:

> … a tenor del desarrollo de nuevas formaciones de extrema derecha y del ascenso de la relevancia de alguna de ellas en distintas partes del mundo, otras ramas de las ciencias sociales –y, singularmente, la sociología– se han aproximado al estudio de estos fenómenos haciendo que la investigación y la producción científica en este campo haya crecido exponencialmente.[2]

Lo que presento para el debate, y formó parte de mi trabajo de investigación, quiere ser una herramienta política para combatir el discurso de la extrema derecha que emerge en un proceso de derechización para cuestionar la democracia. El estudio se circunscribe al discurso de VOX en la Asamblea de Madrid entre los años 2019 y 2023, tiempo en el cual fui diputada regional por el partido comunista y en representación de Izquierda Unida. Espero sea un punto de partida para alertar de los riesgos de la deriva reaccionaria.

Es un reto concretar hasta qué punto influyen los mensajes emitidos por VOX en las instituciones en el debate público en general y, en el sentido común, en particular. Pero no hay duda de que tratar como parte de la democracia a quienes quieren acabar con ella facilita que la sociedad pase por alto su mensaje y no sea consciente de los riesgos que acarrea.

Diseccionar el corazón que late en cada palabra de la extrema derecha ayuda a configurar el retrato de quien articula el lenguaje. Compartir los hallazgos tras esta intervención forma parte de mi compromiso académico, social y político.

Este texto quiere formar parte de la lucha a la cual no podemos renunciar si queremos transformar el mundo.

No puedo terminar esta introducción sin reconocer lo que hay más allá de estas líneas. A quienes me enseñaron a disfrutar del aprendizaje, por acompañarme siempre. A quien me anima a explorar la vida cada día, por ser casa. A Marcos Roitman, de quien aprendo en cada conversación. Por enseñarme a ordenar los pensamientos. Por darme la mano en estos primeros pasos. Gracias.

VOX EN EL CONTEXTO DE LA EXTREMA DERECHA EUROPEA

Hace no demasiado tiempo parecía impensable asistir a la presencia de partidos que promulgan el recorte en derechos y atentan contra la dignidad humana en instituciones democráticas. Sin embargo, hoy forman gobiernos y participan de los órganos del Estado:

Si hace tres décadas estas formaciones de corte autoritario y xenófobo estaban en los márgenes de la política institucional, actualmente en muchos países se están normalizando –en fondo y formas– y forman parte ya de la esfera pública de manera ordinaria y equiparable a las demás fuerzas políticas.[3]

Veamos algunos casos. Trump se hizo con la victoria de las presidenciales de Estados Unidos del año 2016. Ese mismo año Reino Unido celebró el referéndum en el cual el 51,9 por ciento de los participantes votó abandonar la Unión Europea. Desde entonces, el aumento de la presencia de la extrema derecha de diferentes países del continente europeo, en las instituciones ha sido innegable. Así lo demuestra el informe 'State of hate: far-right extremism in Europe' de 2021:

> El año llegó a su fin con el Reino Unido cumpliendo finalmente la promesa del Brexit al salir la Unión Aduanera y el Mercado Único el 31 de diciembre de 2020. Las causas del Brexit fueron complejas y no todo el sentimiento de extrema derecha, sino antiinmigrante, jugó un papel clave y sin duda impulsó a gran parte de la extrema derecha europea (p.11).

VOX se funda el 17 de diciembre de 2013 y se presenta ante los medios de comunicación el 16 de enero de 2014. Sin entrar en un análisis pormenorizado de la evolución hasta su irrupción en las instituciones, cabría señalar la influencia de dos elementos que favorecieron su rápido ascenso dentro del escenario político. Por un lado, el buen resultado obtenido en las elecciones al Parlamento de Andalucía celebradas el 2 de diciembre de 2018, logrando 12 escaños, e inaugurando de esa manera su representación parlamentaria. Por otro, el salto a la política nacional en las Elecciones Generales del 28 de abril de 2019, donde alcanzó el 10,26% de los votos y 24 diputados, entrando por primera vez en el Congreso. Una cifra que aumentó hasta los 52 escaños en las elecciones de noviembre de

2019. Tendencia que se mantuvo en las elecciones autonómicas del mismo año. En dichos comicios la formación obtuvo, por primera vez, representación en 10 de las 15 comunidades y ciudades autónomas donde fueron convocadas. Un resultado que fue sobrepasado en 2023, donde la formación obtuvo representación en todas las autonomías convocadas a las urnas.

Al no obtener el PP mayoría absoluta, asistimos al primer acercamiento entre las dos formaciones, si los populares querían formar gobiernos. El aumento en votos se ha venido reflejando igualmente en las corporaciones locales. En las elecciones municipales, VOX ha pasado de tener apenas presencia en los municipios, a experimentar un rápido ascenso en los últimos cuatro años. Del 2,90% de los votos totales en las elecciones 2019 ha crecido hasta el 7,19% en 2023, triplicando el número de concejales en los últimos comicios, de 530 a 1.695, según los datos del Ministerio del Interior. Sin embargo, asistimos a un punto de inflexión en las Elecciones Generales del 23 de julio de 2023, en las cuales perdieron 19 diputados, quedándose en 33 escaños.

Diferencias y similitudes de VOX
con sus homólogos europeos

La trayectoria de VOX ha generado el interés por caracterizar, clasificar y definir su ubicación en el espectro ideológico de los partidos de extrema derecha. Por un lado,
encontramos el trabajo de Pablo Ortiz, Antonia María
Ruiz y Manuel Tomás González que contrapone la consideración de España como un caso desviado –junto con
Portugal e Irlanda– en el que ninguna fuerza de ultraderecha ocupaba un lugar relevante en el sistema político. En
él plantean que en España, durante años ha imperado el
paradigma de la excepcionalidad. Sin embargo, sus apor-
tes son una crítica a dicha visión. En concreto, los autores
afirman que,

> … aunque la ultraderecha no haya tenido éxito electoral
> durante una larga etapa, muchos de sus valores han estado
> (y están) ampliamente difundidos, aunque de forma más
> moderada, entre la sociedad y los partidos establecidos. Es
> decir, estrictamente no existe un antagonismo absoluto
> entre la ultraderecha, por un lado, y la democracia liberal y
> los actores consolidados, por otro.[4]

Por otro lado, encontramos trabajos centrados en su
naturaleza ideológica. Son estudios que resaltan el análisis de contenido de sus programas electorales y discursos.

Ferreira[5] plantea que VOX es una organización de ultra-derecha, con un perfil propio de la derecha radical. Un partido cuya ideología se basa en la combinación de nacionalismo y xenofobia y una visión autoritaria de la sociedad, apegada a los valores de ley y orden. Perspectiva autoritaria que, según el autor, no se manifiesta como voluntad de instaurar un régimen autocrático, descartando que VOX pudiese hacer uso de la violencia para llegar al poder. Sin embargo, esta afirmación podría verse cuestionada cuando asistimos a discursos promovidos por representantes de VOX que, si bien no han usado la violencia física, han propiciado su uso por parte de terceros. Este podría ser el caso de lo sucedido en Lorca el 31 de enero de 2022, en el cual un grupo de ganaderos asaltó el Ayuntamiento tras burlar el cordón policial obligando a suspender el Pleno. Una sesión en la cual se tenía prevista aprobar la modificación del Plan General de Ordenación Urbana (PGOU) que limitaba la distancia de macrogranjas de cerdos con el núcleo urbano. Un hecho que generó desconcierto, en tanto la medida no afectaba a la actividad actual de los ganaderos sino a las futuras explotaciones. Con este incidente se puede ver el alcance y repercusión social que tienen los mensajes emitidos por VOX en la sociedad.[6]

El ejemplo corrobora tres especificidades respecto a sus homólogos europeos: i) una retórica más nacionalista que populista; ii) una actitud neoliberal en lo económico y iii) un comportamiento claramente conservador cuando se trata de defender los valores tradicionales.[7] Otra diferencia observable, se refiere a la identidad sexual y de género. Álvarez-Benavides y Toscano destacan que, si bien no aparece demasiado "en los discursos y en las investigaciones sobre las extremas derechas europeas contemporáneas –occidentales–",[8] las investigaciones llevadas a cabo para los casos de España, Brasil y México demuestran que dichos problemas adquieren mayor relevancia. Para explicarlo, los autores apelan a la hipótesis que relaciona este fenómeno "con el papel de la religión y los procesos de secularización y laicidad específicos en ciertas regiones y países".

La performance del lenguaje de la extrema derecha

De qué manera comunica la extrema derecha es una pregunta que se ha venido repitiendo para dar respuesta a su repunte en los países del mundo occidental. La obra de A. Marantz[9] desarrolla la categoría *alt-right*,[10] derecha alternativa, para explicar su expansión y en especial el auge de Trump en Estados Unidos.

En este tiempo han proliferado multitud de estudios acerca de la lógica comunicativa de VOX, haciendo hincapié en el uso de las redes sociales, en sus programas electorales o en la cobertura y tratamiento mediático de sus discursos. Sin embargo, no ha suscitado el mismo interés el hecho discursivo que realiza el partido de extrema derecha en las instituciones en las cuales está presente.

De cara a mostrar la utilidad de este tipo de investigaciones para explicar las repercusiones del discurso de VOX en la sociedad, quiero recuperar una de las conclusiones de la investigación llevada a cabo por Salvador Moreno Moreno y José Miguel Rojo Martínez (2021) sobre la construcción del enemigo en los discursos de la derecha radical europea a través de un análisis comparativo. Tras el análisis de contenido cualitativo de una muestra de 20 spots electorales, los investigadores plantean que:

> …sería recomendable de cara a futuras investigaciones incorporar análisis sobre los programas electorales, las redes sociales y los discursos parlamentarios de la derecha radical para conseguir un retrato más preciso sobre el contenido extenso de los discursos sostenidos, más allá de la comunicación electoral de alto impacto.[11]

Cabe recordar que no se trata de una línea de investigación novedosa. En 1947, Victor Klemperer, en un ensayo sobre la lengua del Tercer Reich basado en los materiales y discursos institucionales del partido nazi, describía su importancia a la hora de comprender el significado político en el proceso de aceptación de su ideología:

La Lengua del Tercer Reich se centra por completo en despojar al individuo de su esencia individual, en narcotizar su personalidad, en convertirlo en pieza sin ideas ni voluntad de una manada dirigida y azuzada en una dirección determinada, en mero átomo de un bloque de piedra en movimiento. La Lengua del Tercer Reich es el lenguaje del fanatismo de masas. Cuando se dirige al individuo, y no solo a su voluntad, sino también a su pensamiento, cuando es doctrina, enseña los medios necesarios para fanatizar y sugestionar a las masas.[12]

Estado de la cuestión

Dentro de la descripción de la extrema derecha, cada vez ocupan más espacio los análisis de su estrategia de comunicación para comprender cómo opera su discurso en el debate público. Pablo Ortiz Barquero y Jorge Ramos-González rompen la idea "que concibe la expresión de cualquier derecha radical como intrínsecamente populista".[13] Los autores, al estudiar a VOX, apelan a "un sujeto político definido en los términos de un etnonacionalismo excluyente o si, por el contrario, invocan a un sujeto popular –un pueblo– subyugado por una élite".[14] Aunque no identifican un discurso anti-elitista, sus conclusiones muestran

… cómo el discurso de VOX pivota fundamentalmente en torno a una narrativa esencialista, excluyente e historicista cuyo pilar central es la nación concebida en términos etno-culturales. Básicamente, se trata de un esquema discursivo que traza una distinción entre los nativos y los considera-dos "otros" u enemigos que amenazan la homogeneidad y pervivencia de la nación.[15]

Por otro lado, Sergio Pérez Castaños y Giselle García-Hípola[16] consideran que el carácter anti-elitista y la desle-gitimación de las instituciones establecidas es un rasgo común de muchas formaciones de la extrema derecha europea, entre las cuales se encuentra VOX. En este senti-do, los autores vinculan su avance a: i) la creciente desi-gualdad económica; ii) una reacción cultural y iii) una confrontación política. Estos componentes del populismo serían compartidos por los politólogos Eduardo Sánchez-Iglesias, Vicente Sánchez Jiménez y Guillermo Fernández-Vázquez en su ensayo *El programa político del Frente Nacional en Francia a la luz de las fórmulas ganadoras*. En dicho estudio, los autores identifican el Front National como "un partido de ultraderecha nacional-populista y anti-elitista en oposición a los de arriba (las élites) y a los de fuera (los inmigrantes)".[17] Asimismo, existen enfoques que vinculan al auge de la extrema derecha "con los proce-sos de fragmentación de las identidades colectivas, la pre-cariedad laboral, la pérdida del reconocimiento de determinadas categorías y grupos sociales, y los cambios relacionados con los procesos de globalización".[18]

A pesar de las diferencias señaladas, donde hay un mayor consenso es en lo relativo al debate público. Michel Wieviorka afirma que "la extrema derecha ha conseguido en los últimos años que el debate y las formas en las que evoluciona la democracia estén cada vez más en su terreno".[19] Un planteamiento que se repite cuando se analiza la evolución del Front National y se comprueba "el contexto de derechización del debate público en Francia y la proliferación y normalización de discursos cada vez más intransigentes respecto al islam, la inmigración o el denominado 'comunitarismo'".[20]

MARCO TEÓRICO

La 'cosa hecha' por el lenguaje

¿Cómo articula VOX su relato en el debate público? En concreto ¿Cómo lo transforma? Para responder a tales interrogantes, me remito al análisis social del discurso surgido a raíz del llamado *giro lingüístico*, por el cual, el lenguaje pasa a ser considerado un instrumento 'para hacer cosas'.[21] En este sentido, Ibáñez plantea que la tesis 'realista' que se originó acerca de la relación entre nuestras palabras y el mundo supuso un cambio al sustituir la relación *ideas/mundo* por *lenguaje/mundo, reemplazando lo privado por lo público y lo inobservable por lo manifiesto.*

En concreto, 'la cosa hecha' por el lenguaje que utiliza VOX en el parlamento madrileño introduce en el debate público temas que hasta ese momento se encontraban fuera de agenda.

Para entender el alcance de este planteamiento se analiza el lenguaje como parte de esa realidad. Junto a sus funciones 'descriptivas y representacionales', cobra importancia su sentido productivo, como un elemento formador de realidades, dejando a un lado el lenguaje en tanto sistema de signos que representa o refleja una realidad social externa.[22] Este análisis se podría relacionar con lo que Barthes denominaba el significado de segundo nivel: los mitos formados por conjuntos de asociaciones que se revelan en torno a la configuración de un signo.

Los mecanismos y procedimientos usados por VOX para describir el mundo y presentarlo a voluntad es el objetivo. Ver cómo el lenguaje de VOX con-forma lo que Barthes llamó *doxa* o *el sentido común, no teorizado, de una cultura.*[23]

La teoría de los actos del habla aborda esta capacidad constructiva del lenguaje como un proceso social. Analizar el sentido del lenguaje utilizado, no por los signos lingüísticos, sino por la interacción entre el hablante, el contexto y las intenciones con el fin de producir o socavar hechos o legitimar o deslegitimar sujetos políticos, está en el punto de mira. El discurso no es un hecho aislado ni debe analizarse como tal. Cada práctica se inscribe en una época histórica y en un grupo social concreto, no como elementos aislados sino relacionados entre sí a través de reglas.

Poder y saber se articulan por cierto en el discurso. Y por esa misma razón, es preciso concebir el discurso como una serie de segmentos discontinuos cuya función táctica no es

28

uniforme ni estable. Más precisamente, no hay que imaginar un universo del discurso dividido entre el discurso aceptado y el discurso excluido o entre el discurso dominante y el dominado, sino como una multiplicidad de elementos discursivos que pueden actuar en estrategias diferentes. Tal distribución es lo que hay que restituir, con lo que acarrea de cosas dichas y cosas ocultas, de enunciaciones requeridas y prohibidas; con lo que supone de variantes y efectos diferentes según quién hable, su posición de poder, el contexto institucional en que se halle colocado; con lo que trae, también, de desplazamientos y reutilizaciones de fórmulas idénticas para objetivos opuestos. Los discursos, al igual que los silencios, no están de una vez por todas sometidos al poder o levantados contra él. Hay que admitir un juego complejo e inestable donde el discurso puede, a la vez, ser instrumento y efecto de poder, pero también obstáculo, tope, punto de resistencia y de partida para una estrategia opuesta.[24]

Para todo ello, asumo el análisis socio-metafórico donde todo concepto es concepto metafórico y, por tanto, concepto social y por el que el estudio sistemático de las metáforas puede emplearse como un potente analizador social.[25] Análisis que cobra especial relevancia cuando se vincula con el sustrato social, político y cultural del que las metáforas emergen y en el que logran imponerse o resultan descartadas.

Entender que el lenguaje y su estudio está cargado de tradición, y que su propia natural(ización) es un proceso social resulta imprescindible para comprender el lenguaje de la extrema derecha. A través del recurso a la retórica, se analizarán los efectos sociopolíticos y psicológicos de las prácticas discursivas.[26]

En este sentido, son reseñables los trabajos realizados por Grace[27] en torno al proceso de construcción lingüística de la realidad. Conocer hasta qué punto nos encontramos en una etapa de "especificación" de un "suceso conceptual", de su construcción o de modalización es necesario. Señalar si VOX utiliza recursos para especificar algo que pudiera ser posible y susceptible de ser negado o darse por hecho, es básico. En palabras de Simons, lo que interesa del análisis retórico es "cómo hacen que las construcciones de 'lo real' sean convincentes".[28]

En concreto, y siguiendo a Potter, es obligado distinguir entre retórica ofensiva y defensiva y analizar el uso de un discurso *cosificador* o un discurso *ironizador* dedicado a socavar versiones.[29] Este planteamiento cobra importancia en el análisis del debate público, donde VOX practica dicha estrategia, atribuyéndole Potter un plus a los relatos factuales. Por un lado, si VOX orienta las descripciones hacia la acción y si aplican el dilema de la conveniencia, sobre todo cuando se refieren a algo/alguien problemático o negativo. Y por otro lado, ver cómo su descripción construye realidad. Se trata de conocer si VOX recurre a la "construcción de corroboración" para presentar su realidad como única verdad posible.

La acreditación de categorías de Potter[30] significa que no he realizado un análisis performativo del lenguaje sin tener en cuenta quién emite el mensaje y dónde se realiza el mismo. De la misma manera que a un médico en una consulta se le presupone una persona acreditada para hablar de la salud, a un político, desde un parlamento, se le presuponen una serie de valores que van a influir en la recepción del mensaje. Así, esta propuesta teórica de análisis del discurso de VOX bebe de la concepción del lenguaje en tanto "acción sobre el mundo" vinculada con la "acción sobre los demás".[31] Así, se ha recurrido al estudio del imaginario colectivo para conceptualizar lo imaginario a través de las metáforas:

> Para la mayoría de la gente, la metáfora es un recurso de la imaginación poética, y los ademanes retóricos, una cuestión de lenguaje extraordinario más que ordinario. Es más, la metáfora se contempla característicamente como un rasgo solo del lenguaje, cosa de palabras más que de pensamiento o acción. Nosotros hemos llegado a la conclusión de que la metáfora, por el contrario, impregna la vida cotidiana, no solamente el lenguaje, sino también el pensamiento y la acción (…) El hecho de que en parte conceptualicemos las discusiones como batallas influye sistemáticamente en la forma que adoptan las discusiones y la

manera en que hablamos acerca de lo que hacemos al discutir. Puesto que el concepto metafórico es sistemático, el lenguaje que usamos para hablar sobre ese aspecto del concepto es también sistemático.[32]

Además, no he perdido de vista la concepción de lo social para referirnos a lo colectivo, a través de la impronta que dejó el imaginario burgués del siglo XVII, vinculado a un pacto social entre individuos, dando lugar a un 'contrato social' no negociado.[33]

Asimismo, incorporo las aportaciones de Castoriadis para el estudio de lo que se ha denominado *imaginario colectivo*. Entendiendo que lo imaginario es una categoría que origina, forma, conforma y deforma una visión del mundo. En concreto, se busca develar la manera en la cual un grupo humano tiene por realidad un mundo formado por ilusiones olvidándose que lo son a través del uso de metáforas.

En el proceso de análisis de lo imaginario también he considerado la convivencia de dos tensiones opuestas como son la voluntad de crear instituciones nuevas a la vez que mantener creencias consolidadas. Ser consciente de que todo está hecho con presupuestos anteriores que modelan y visten lo que pretende presentarse como desnudo, forma parte del discurso de la extrema derecha.[34] Destripar el imaginario como el campo de batalla donde los conflictos sociales luchan por legitimar o deslegitimar un relato es tarea necesaria si queremos enfrentarnos con opciones de forjar pedagogía política.

¿Qué persigue la extrema derecha?

La cuestión de la intencionalidad que pueda haber detrás de quien emite los discursos analizados es algo que también he considerado relevante. Según el *Discurso de la servidumbre voluntaria*, Étienne de la Boétie ya señaló en el año de 1575 que ningún sistema de dominación se puede mantener sin que exista una identificación de los dominados con quienes les dominan. Es decir, que "jamás ha sucedido que los tiranos, para asegurarse, no se hayan esforzado por hacer que el pueblo se le acostumbre; y no solamente a la obediencia y a la servidumbre, sino incluso a la devoción".[35]

Partiendo de esta afirmación, interesa destacar si existe un proceso de colonización del imaginario y de un mundo como único posible. Es necesario explicar cómo se ha producido el rechazo de la igualdad de género, la criminalización del pobre, el inmigrante, el negacionismo climático y a la diversidad sexual al extremo de interiorizarlo como parte de un proyecto democrático. Conocer si el *efecto de verdad* defendido por Derrida, donde un argumento parece innegable, tiene aplicación a la hora de analizar el discurso de la extrema derecha, llegando a significar que "*nuevas maneras de decir cosas plausibles sobre otros seres humanos y sobre nosotros mismos*"[36] puede producir objetos como sujetos. Por tanto, se trata de "exponer los tipos de mecanismos y procedimientos que contribuyen a producir la sensación de que un discurso describe el mundo literalmente".[37]

A través de la identificación y clasificación de las metáforas como vivas o muertas he buscado descifrar qué subyace tras su utilización. Siguiendo a Lizcano,[38] se han analizado las metáforas como un mecanismo cognitivo que permite distinguir el sujeto y el término. Es decir, lo que una sociedad da por consabido asumiendo sus presupuestos en un cierto ámbito espacio temporal. Tratándose de un lenguaje político, considero lo dicho relevante por dos razones:

1) El uso de metáforas muertas refleja aquellos elementos que se dan por sentado, siendo la característica en la cual se asienta la fuerza de la ideología, imponiendo una perspectiva que se presenta como inalterable a través de la convicción y la conmoción. Ello implica acercarnos a juegos entre metáforas.

2) Es obligado indagar la relación entre el uso de las metáforas vivas y la reedición de temas en el debate público. Es decir, ver cómo ciertos temas que ya formaron parte de la discusión se ofrecen hoy bajo una

nueva perspectiva. Así cabe preguntarnos ¿Estamos hablando de unas metáforas verosímiles desde un imaginario dado?; ¿Existe un caldo de cultivo para su crecimiento?; ¿Existen pugnas con otras metáforas a las que pretenden desalojar del imaginario? Las respuestas a tales interrogantes responden a la convicción que la lucha por el poder es la lucha por imponer las propias metáforas.

Estos planteamientos están relacionados con el trabajo de Lizcano, quien entrelaza el imaginario colectivo y el análisis metafórico. En concreto, describe cómo ese "torbellino imaginario está originando permanentemente formas determinadas, precipitando en identidades y con-formando así el mundo en el que cada colectividad habita".[39] Tener en cuenta que "lo imaginario instituye lo social, pero no está instituido por lo social, sino que es previo a lo social" facilita entender cómo VOX "inyecta sus significaciones *en* el imaginario". Un fenómeno que se desarrolla en un contexto socioeconómico en el que "el capitalismo occidental ha trascendido los lindes cada vez más anticuados de los Estados-nación, y los procesos del consumo y de la estética se combinan para producir cambios de diseño y de moda cada vez más rápidos".[40] Sin pretender desviar el foco, me parece necesario recordar que, al decir de Bourdieu, si *la opinión pública no existe*, sí existen elementos que derivan en una u otra respuesta –individual y colectiva– que, indudablemente, influyen en el resultado de la acción comunicativa.

¿Hasta qué punto las preguntas y la manera de formularlas pretenden limitar –o ubicar– las respuestas posibles sobre un tema? ¿Cómo afectan estas al debate público?[41] Como señalaron Marx y Engels en *La Sagrada Familia*, la ideología no está en las respuestas sino en la manera de formular la pregunta.

La verdad enmarcada

Hablar del papel de la metáfora en política, los marcos y los principios del encuadre que se activan, incorpora lo que viene antes del lenguaje: las ideas. Esas que buscan transmitir la verdad oculta en el lenguaje. "La verdad, para ser aceptada, tiene que encajar en los marcos de la gente. Si los hechos no encajan en un determinado marco, el marco se mantiene y los hechos rebotan".[42] Este método me facilita describir el rol que VOX le otorga a su verdad en la conformación de la realidad.

La extrema derecha recurre a estos atajos mentales creando marcos a través de los valores ideológicos que les son propios. Resulta interesante indagar en la construcción de su verdad a través de los tropos, como "una figura del lenguaje que consiste en el uso de una palabra o frase en un sentido diferente del que le es propio".[43] Un elemento indispensable para profundizar en el encuadre que orienta la interpretación de un mensaje. Encontrar los factores culturales en los recursos utilizados por la extrema derecha, como señala Swidler, es el primer problema para estudiarlos.[44] Señalar el factor cultural del lenguaje nos facilita conocer su estrategia de acción.

El análisis del discurso político obliga a considerar el trabajo del antropólogo estadounidense Clifford Geertz cuando afirma que el lugar específico de la ideología es la política, pues es ahí donde se reconocen las imágenes básicas de un grupo y se suministran las reglas para ejercer el poder. Una idea donde opera el concepto de *legitimidad* de Max Weber señalando la "pretensión a la autoridad de los líderes y la creencia en esa autoridad por parte de sus miembros" como necesario para dar validez al orden de dominación.

Por *dominación* debe entenderse la probabilidad de encontrar obediencia a un mandato de determinado contenido entre personas dadas; por *disciplina* debe entenderse la probabilidad de encontrar obediencia para un mandato por parte de un conjunto de personas que, en virtud de actitudes arraigadas, sea pronta, simple y autónoma.[45]

En este sentido, VOX pretende transformar su ideología en pegamento de la sociedad generando una aceptación que concluya en servidumbre voluntaria.

VOX EN EL DEBATE PÚBLICO
La parafernalia de la actividad parlamentaria

Este capítulo muestra a VOX utilizando su presencia en las instituciones como caja de resonancia ideológica para transformar el debate público en una doble dimensión. Por un lado, su discurso desde las instituciones ha logrado marcar la agenda política, y por otro, ha introducido nuevos cuestionamientos como parte del sentido común de la sociedad española.[46]

El parlamento autonómico ofrece a los partidos políticos muchas posibilidades para trasladar sus propuestas y sus posicionamientos. Un recurso son las iniciativas presentadas que deben registrarse por escrito para que, una vez evaluadas y dado el visto bueno por parte de la Mesa de la Asamblea, puedan sustanciarse. Sin embargo, la manera en la que las propuestas se tramitan es dispar. En función de su naturaleza, su tramitación puede implicar una respuesta escrita, como sucede con las Peticiones de Información (PI) y Preguntas Escritas (PE). Otro tanto sucede con las Preguntas Orales de Respuesta en Pleno (PCOP), las

Interpelaciones (I), Mociones (M), Comparecencias (C), Proposiciones No de Ley (PNL) y Proposiciones de Ley (PL). Además, este segundo grupo de tramitación oral puede llevarse a cabo tanto en el Pleno como en las Comisiones existentes.[47]

Entre las posibilidades para el ejercicio político de los partidos, existe otra diferencia: si las iniciativas que los grupos deciden llevar a debate requieren de una votación (como es el caso de las Proposiciones No de Ley, las Proposiciones de Ley y las Mociones) o si solo implica un posicionamiento político sobre el tema concreto a tratar (como sucede en el caso de las Preguntas Orales de Respuesta en Pleno, las Interpelaciones y las Comparecencias). El tiempo del que se dispone también es diferente: mientras que las Preguntas Orales de Respuesta en Pleno son un ejercicio más rápido de pregunta-respuesta entre el grupo proponente y el equipo de gobierno (presidenta o consejero), con un total de 3 minutos a repartir en dos turnos; las demás iniciativas disponen de un primer turno, de 7 o 10 minutos y un segundo de 3 minutos.[48]

Las iniciativas parlamentarias llevadas a cabo por VOX entre 2019-2023 en las sesiones plenarias, refuerzan la idea de utilizar la Asamblea de Madrid como altavoz de sus ideas, eligiendo de qué querían hablar, cómo hacerlo y para qué. No le dan la misma relevancia a todos los temas, incluso algunos se repiten machaconamente. Desgranar esas incógnitas. Ese es el corazón de este estudio de caso.

Contexto de los debates

XI Legislatura (2019-2021):
pandemia y elecciones anticipadas

En el plano institucional, el resultado de las elecciones autonómicas celebradas el 26 de mayo de 2019, se tradujo en la conformación de un gobierno de coalición entre Partido Popular y Ciudadanos (segunda y tercera fuerza, con 37 y 30 escaños respectivamente). Con el apoyo de los 12 escaños de VOX, Isabel Díaz Ayuso fue investida presidenta de la Comunidad de Madrid el 14 de agosto de 2019. El bloque progresista quedó conformado por los 37 escaños del Partido Socialista, 20 de Más Madrid y 7 de la coalición de Unidas Podemos-Izquierda Unida-Madrid en Pie (coalición de Podemos, Izquierda Unida y Anticapitalistas).

Una legislatura marcada, principalmente, por la pandemia. La Mesa de la Asamblea celebrada el 11 de marzo de 2020 decidió suspender la actividad parlamentaria durante dos semanas siendo así el último pleno el 5 de marzo. Una suspensión que fue prorrogada quedando cancelada casi la totalidad de la actividad parlamentaria hasta el 14 de abril de 2021, momento en el cual la Comisión de Sanidad celebró la primera sesión telemática de la historia de la Asamblea. Las diferentes Comisiones de la Cámara fueron las primeras en reanudar su actividad de manera gradual. El 23 de abril se retomó la celebración de los

Plenos, quedando circunscritos a los asuntos vinculados a la crisis de la COVID-19. Dicha circunstancia remite al mantenimiento del estado de alarma decretado por el Gobierno de la Nación. Hasta el 25 de junio solo se realizaban las preguntas a la presidenta y al Consejo de Gobierno para evitar largas presencias. Asimismo, se limitó el aforo y los plenos no se volverían a celebrar con todos los diputados presentes. Los parlamentarios y consejeros asistían en función del orden del día.[49] En este contexto la Asamblea de Madrid se convirtió en el terreno perfecto para agudizar la confrontación entre el Gobierno autonómico y el Gobierno central. El momento más álgido se produjo el 9 de octubre de 2020 cuando el Consejo de Ministros decretó el segundo estado de alarma en los territorios más afectados, entre los que se hallaba Madrid. Isabel Díaz Ayuso declararía en sesión plenaria que Madrid se había cerrado "a punta de pistola".

Por otro lado, no cabe olvidar que, a pesar de la insistencia de VOX para que se decretara el estado de alarma, el 6 de noviembre de 2020, la formación presentó dos recursos ante el Tribunal Constitucional contra "el *abusivo e ilegal* estado de alarma decretado por el Ejecutivo de Pedro Sánchez".[50] Instalándose un ambiente de crispación que no ha desaparecido hasta hoy.

Casi un año después del cierre de la Cámara, la noticia de la Moción de Censura entre PSOE y Ciudadanos en la Región de Murcia supuso la entrada, por primera vez, de

VOX en un gobierno autonómico, repercutiendo en el panorama político de la Comunidad de Madrid. Ese día, la presidenta Díaz Ayuso dimite y convoca elecciones anticipadas, rompiendo la alianza con Ciudadanos:

> Este miércoles 10 de marzo he decidido disolver la Asamblea de Madrid y convocar elecciones anticipadas. Me he visto obligada a tomar esta decisión por el bien de Madrid y de España y contra mi voluntad repetida de agotar la legislatura. La inestabilidad institucional provocada esta misma mañana por Ciudadanos, el PSOE y demás partidos de la izquierda en Murcia, y ya durante largo tiempo en otras autonomías, e incluso en ayuntamientos de la propia Comunidad de Madrid, nos ha llevado a esta situación.[51]

XII Legislatura (2021-2023)

La cita electoral del 4 de mayo daría como resultado el triunfo del Partido Popular, sin mayoría absoluta, necesitando los votos de, al menos, 4 de los 13 escaños obtenidos por VOX para formar gobierno. Ciudadanos desaparece del panorama autonómico y Más Madrid asume la jefatura de la oposición, con 24 escaños, los mismos que el Partido Socialista y los 10 de la coalición entre Izquierda Unida y Podemos.

Los anuncios de elecciones anticipadas continúan en Castilla y León, diciembre de 2021, y Andalucía, abril de 2022. Hitos que marcan la agenda política, generando una sensación de contienda permanente. Existe una gran tensión política. Las diferentes oleadas y variantes de la COVID-19 siguieron presentes en este periodo.[52] A esta crisis sanitaria le acompañaron episodios como la alerta por la viruela del mono.

Por otra parte, la crisis sanitaria se tradujo en crisis política con la noticia de supuestos contratos fraudulentos. Por un lado, el conocido como caso mascarillas. Una supuesta estafa de venta de material sanitario al Ayuntamiento de Madrid, por la que la Fiscalía Anticorrupción solicitó una condena de cárcel para el empresario Alberto Luceño y el aristócrata Luis Medina. Pero si algo agitó el panorama político, fue la crisis en el Partido Popular a raíz del supuesto beneficio del hermano de Isabel Díaz Ayuso por la firma de un contrato con la Comunidad de Madrid y el destape del supuesto espionaje al interior del Partido Popular. El subsiguiente cruce de acusaciones entre Díaz Ayuso y Pablo Casado se resolverá con la dimisión del entonces presidente nacional del partido y la celebración de un congreso extraordinario los días 1 y 2 de abril de 2022.

La tragedia de la valla de Melilla el 24 de junio de 2022, puso en la agenda la llamada *crisis migratoria*. La muerte de 23 migrantes intentando cruzar de Marruecos a España profundizó el discurso de odio y propagó el miedo como arma política de VOX y el PP entre la ciudadanía.

En otro orden de cosas, leyes aprobadas en el Congreso de los Diputados han tenido su repercusión en la cámara autonómica. Tal es el caso de la Ley 20/2022 de Memoria Democrática, la Ley Orgánica 3/2020 de Educación LOM-LOE, conocida como Ley Celaá, la Ley Orgánica 10/22 de Garantía Integral de la Libertad Sexual, conocida como ley del *solo sí es sí* o la Ley 4/2023, para la igualdad real y efectiva de las personas trans y para la garantía de los derechos de las personas LGTBI, conocida como Ley Trans. Todas, leyes que han avivado discursos reaccionarios a través del rechazo a su aplicación, llegando incluso a plantear la aprobación de leyes autonómicas en sentido contrario, como la Ley Maestra del Partido Popular aprobada en 2022 o la Ley Integral de Igualdad y No Discriminación de la Comunidad de Madrid registrada por VOX en 2021. Debate que tuvo un gran foco mediático,[53] pues suponía derogar las leyes LGTBI que entonces estaban vigentes en la Comunidad de Madrid, generando una gran respuesta popular para mostrar el rechazo a esta propuesta de VOX. Finalmente, el Partido Popular se abstuvo y la iniciativa no salió adelante. Sin embargo, dos años más tarde, el 22 de diciembre de 2023, el Partido Popular de la presidenta Díaz Ayuso aprobó, junto a VOX, su propuesta de derogación parcial de las leyes LGTBI y Trans en la Comunidad de Madrid.

La extrema derecha y la agenda política

La identificación de todas las iniciativas sustanciadas por VOX en las 96 sesiones plenarias de las dos legislaturas, hasta un total de 327, permite clasificarlas acorde a un doble criterio,

1.– Por el *tipo* reglamentario de iniciativa. Criterio relevante para los estudios que deseen aproximarse al análisis de la actividad de VOX en las instituciones.[54]

Tipo de las iniciativas sustanciadas en Pleno

TIPO DE INICIATIVA	XI	XII
Proposición de ley	1	7
Comparecencia	3	5
Proposición no de Ley	26	30
Pregunta respuesta oral Pleno presidenta	40	44
Pregunta respuesta oral Pleno Consejo de Gobierno	82	89
TOTAL	152	175

Elaboración propia. Fuente: Asamblea de Madrid.

2.– Por el *objeto* de la iniciativa. Esta perspectiva facilitó la selección final de la muestra, tras un proceso de agrupamiento por analogía de los temas, identificando un total de sesenta y un ítems.[55]

Este método permite conocer el orden de prioridades de VOX, profundizando en la motivación esgrimida en los temas seleccionados. Así, podemos observar si se trata de marcar una posición diferente respecto a un problema del que también hablan el resto de partidos o es un tema que introducen para llamar la atención y favorecer su incorporación en la agenda política.[56] La clasificación permite identificar "de qué habla VOX". Es decir, los temas más recurrentes en las iniciativas que decidieron sustanciar en la XI y XII Legislatura, mostrados en el siguiente cuadro.

Los datos muestran los 3 temas más relevantes sobre los que VOX incidió en cada una de las legislaturas:

Objetos más recurrentes en las iniciativas sustanciadas en Pleno.

XI Legislatura		XII Legislatura	
COVID	28	Educación	17
Educación y presupuesto	10	LGTBI	12
Menores	9	Menores	11

Elaboración propia. Fuente: Asamblea de Madrid.

De ambos cuadros se deduce.

– La inevitable influencia que tuvo la pandemia en el primer periodo analizado.

– La educación ha sido uno de los principales temas abordados por VOX en ambas legislaturas cobrando, si cabe, una mayor relevancia en la segunda legislatura.

– El caso de los menores se centra en los extranjeros no acompañados. Este dato viene a contradecir las conclusiones alcanzadas por Ortiz, Ruiz y González en sus propuestas de estudio señalando que VOX prioriza "una narrativa de enfrentamiento con base en una *otredad* interna (el independentismo, principalmente, y el feminismo y el izquierdismo, en menor medida) sobre el habitual eje antiinmigración, central para la ultraderecha". Un planteamiento que relacionan "con la inexistencia de un mercado electoral antiinmigración rentable en España".[57] Cabría analizar si ese "mercado electoral" ha variado y es por dicha razón que la formación de extrema derecha hace gala de su agenda reaccionaria y discriminatoria en un intento de "caza de votos". O si, por el contrario, significa que la actuación de VOX se acerca más a la hipótesis planteada por Ferreira:

Su ideología nativista basada en la lucha contra los enemigos internos –el "separatismo"– y contra los enemigos externos –los "globalistas" y la inmigración, especialmente la musulmana– a fin y efecto de conseguir un Estado mononacional y monocultural.[58]

– El cambio más llamativo en sus iniciativas es el relativo a la cuestión LGTBI. Mientras que en la XI Legislatura fue un tema apenas tratado, en la XII Legislatura VOX cuadriplica su interés y pasa de 3 a 12 iniciativas, ocupando el 2° lugar en el ranking de los temas debatidos en Pleno. Este cambio supone la identificación de los movimientos sociales y las políticas de reconocimiento de las identidades de género y sexuales como otro de los enemigos comunes a los que hacer frente en la región de Madrid. Este hecho vendría a corroborar la diferencia del caso español respecto a sus homólogos europeos y su similitud con algunos países latinoamericanos ya referida anteriormente.

Asimismo, estos cambios muestran otra característica de VOX: las mutaciones de las que son capaces de llevar a cabo a la hora de *presentarse al mundo*. Una manera de actuar que podría estar relacionada con la "capacidad adaptativa" del partido.[59]

La extrema derecha no tiene complejos en variar su discurso en función de lo que le convenga, sea de manera táctica, oportunista o demagógica. Sobran voces señalando que lo hacen. ¿Les da resultado?

Parece evidente que la presencia de VOX en las instituciones influye en la introducción de temas en el debate público. Teniendo en cuenta el contexto, se constata cómo las prioridades ideológicas de VOX, identidad sexual, igualdad de género, inmigración y educación, se corresponden con una visión cuestionadora de los derechos democráticos ya consolidados. Una relación causal si recuperamos los planteamientos de Michel Wieviorka, vinculados a la presencia de este tipo de formaciones que han evolucionado pasando "de los márgenes de la política institucional" a una presencia normalizada en la vida cotidiana e instituciones. De ahí que el debate en temas prioritarios para ellos también haya pasado a ocupar el centro del tablero en la sociedad en general. Sobre las consecuencias de este desplazamiento Wieviorka advierte de los peligros que corren los derechos sociales:

…desgraciadamente los peligros no vienen simplemente de la existencia activa de la nueva derecha, esa derecha dura, viene del hecho de que es ella la que está marcando los tiempos, quien marca el ritmo. Como es muy poderosa y activa –y también es muy prudente. No es fascista, no es golpista– está tan presente en el debate que es la que fija, en cierto modo, la agenda.[60]

Metáforas para construir el "sentido común"

Para conocer las metáforas del sentido común se analizan las metáforas presentes en siete de sus discursos. Será, atendiendo solo a las metáforas que aparecen en cada una de ellas, desde donde se hará el estudio para conocer cómo el discurso utilizado por VOX, desde esa normalización institucional, ha introducido nuevos cuestionamientos como parte del sentido común. Para ello, sigo la clasificación metafórica planteada por Lizcano distinguiendo entre:

– Metáforas de cosificación: que permiten tratar algo como una cosa que está-ahí-fuera, con una permanencia y límites precisos, en lugar de hacerlo como una construcción o como un proceso (incluyen las que Lakoff y Johnson (1991) llaman orientacionales y ontológicas).

– Metáforas de naturalización: presentan un fenómeno social artificial como si fuera obra de la naturaleza (la cual, por supuesto, no se considera construida)

– Metáforas de personificación: atribuyen a un objeto, fenómeno o acontecimiento rasgos humanos, propios de las personas. Pese a considerarse específicas de las formas 'más primitivas' de religión (animismo, fetichismo), quizá sean las más abundantes también en las sociedades modernas.

– Metáforas de cientificación: trasladan a un objeto, situación o procedimiento características propias de los conceptos y la actividad científica. Sus sujetos más frecuentes pertenecen al campo de las ciencias duras (matemáticas y ciencias naturales), por su mayor legitimidad y su función paradigmática, y al de las tecnologías, por su probada eficacia y capacidad resolutiva.

El análisis discursivo arroja claves para entender la relación existente entre el discurso de VOX y las características de dicha transformación. El análisis de las siete piezas seleccionadas permite identificar las metáforas y las redes de metáforas utilizadas por un mismo sujeto para referirse a diferentes términos. Una metodología a través de la cual se identifican los ejes que podrían señalar algunas características del discurso de VOX en las instituciones y su influencia en la transformación del debate público.

El análisis de cada pieza y del modo en que el grupo ultra repite algunos patrones independientemente del tema del que se trate, permite agrupar la acción de su discurso sobre el sentido común identificando cuatro ámbitos sobre los que opera:

Conflicto Ideología/Política

A pesar de que en uno de los discursos la diputada Rocío Monasterio reconoce que VOX está en la política para "defender ideas" y apela a la "batalla ideológica", tienden a identificar la ideología como algo negativo, vinculada únicamente a la izquierda como una herramienta de adoctrinamiento. Es decir, realizan un planteamiento por el cual separan política e ideología, asociando la política a una especie de "sentido común" y la ideología como algo que se impone de manera totalitaria. Así lo pone de manifiesto cuando se refieren a la "ideología de género". En esta línea, Almudena Cabezas plantea que:

> El marco de sentido se ha desplazado, y algunos consensos democráticos sobre la igualdad y la equidad están cuestionando la ampliación de derechos que, en democracia, creíamos incuestionables. El Informe No es Amor (Save the Children, 2021) confirma la normalización de la violencia de género entre las y los adolescentes en el estado español, y como crece entre ellas y ellos la idea de que existe una "ideología de género" como mera política, ajena a la ciencia y al rigor de los datos y estudios sociales.[61]

Para comprender en los hechos cuál es el alcance de lo dicho, analizaré tres aspectos específicos donde se muestran los argumentos utilizados por VOX a la hora de construir metáforas y definir su relato político.

a) Los mantenidos

En el discurso analizado sobre presupuestos, el portavoz de VOX le critica al Consejero de Economía, Empleo y Competitividad, Manuel Giménez (Ciudadanos) que "usted es más de gastar que de ahorrar",[62] y "sería muy mala noticia para los madrileños que usted fuera el que decidiera esas partidas presupuestarias". Es significativa la acusación de *gastar* cuando se trata de presupuestos, es decir, donde se trata precisamente de eso: del gasto público. Como veremos, el verdadero 'problema' para VOX no es el gasto, sino en qué se gasta. Pero se trata de lanzar la idea de 'despilfarro' para justificar el rechazo a unas políticas más redistributivas.

De esta manera la estrategia de gastar a manos llenas ha sido inoculada. En un enredo de metáforas, VOX enfrenta el significado de las *subvenciones* que el consejero *reparte* para *mantener sus fundaciones* frente a la necesidad de "destinar fondos no reembolsables" para "ayudar a los autónomos y a los empresarios".

Para VOX, las subvenciones constituyen chiringuitos, mientras que los fondos no reembolsables son realmente la manera de contribuir a la prosperidad de Madrid. Un planteamiento que finaliza caricaturizando al consejero como alguien que *prefiere entregarse a Sánchez, a Iglesias y a su agenda ideológica*.

De nuevo vemos cómo la enumeración de las características negativas son vinculadas a un discurso ideológico, por lo que la ideología para VOX es una herramienta nefasta que distorsiona la realidad. VOX la rechaza. A través de unas metáforas de naturalización apela a las *querencias socialdemócratas* del consejero y habla de *fondos envenenados de ideología*, que es una *engañifa*. Así, la Ideología constituye un veneno que corroe las instituciones y facilita la penetración de la izquierda.

b) El adoctrinamiento en las aulas

Si bien la educación fue uno de los temas más importantes para VOX, existe un cambio de enfoque entre la primera y segunda legislatura. Frente al interés de VOX por la *libertad de elección*, basada en el impulso de la educación privada y concertada a través de la gratuidad o cheques escolares, en la XI legislatura; en la XII Legislatura se observa que su discurso se centra en el *adoctrinamiento que sufre la educación*. Un paso más en el cuestionamiento de la educación pública en la consolidación de valores democráticos y los derechos sociales. Un ejemplo lo tenemos en la pregunta dada por válida por parte de la Mesa de la Asamblea[63] en la cual VOX interroga sobre la manera de "prevenir posibles contenidos ideológicos" en las aulas, en tanto la existencia de un profesorado adscrito a la izquierda son una mayoría. Lo cual evidencia cómo VOX adscribe el concepto de ideología a la izquierda mientras ellos defienden, supuestamente, una educación sin valores ideológicos. Así:

o Izquierda = manipulación ideológica
o Derecha = objetividad educativa

La portavoz de VOX, Alicia Rubio,[64] en esta misma dirección, vincula la formación en igualdad de género en las aulas con el *adoctrinamiento continuo en todos los centros* haciendo cómplices de tales políticas de igualdad, al gobierno de Ayuso y a las leyes vigentes en la CM.

Por otro lado, Alicia Rubio relata una serie de cuestiones generales para caracterizar la ideología de género como "enrarecimiento de las relaciones; victimización de las chicas; criminalización de los chicos"– y apela a un– "monólogo con un sesgo político claro que hizo un adulto a los niños". De nuevo, el hilo argumental de la oradora utiliza la idea de la igualdad de género como algo problemático que provoca enfrentamiento e insiste en la idea de cosificación de la sexualidad y la ideología. Con la expresión "los docentes deben dejar su sexualidad y su ideología en la puerta del aula", la portavoz aclara la concepción que su formación tiene de la sexualidad. No concibe los contenidos relativos a la identidad sexual y afectiva como algo enmarcado en el campo de los derechos y libertades a abordar desde el ámbito público, sino que los considera un asunto que corresponde al ámbito privado de la persona. De ahí que la portavoz hable de "su sexualidad" y que la idea de proteger dichos derechos en el espacio público lo plantee como una "imposición". En este sentido, vemos cómo los contenidos educativos ponen de manifiesto el papel central que ocupa la familia en dicha elección. La portavoz señala que "la ley maestra contempla, por enmienda de Vox, establecer un canal de quejas para los padres (…) y comenzar a frenar a quienes se creen con derecho a imponer a esos alumnos su sexualidad y su ideología".

En su intervención, Alicia Rubio habla de "materiales audiovisuales en los centros que no saben si son los adecuados o si están calificados para las edades a las que se proyectan", dejando entrever la posible utilización ideológica de los medios de apoyo técnico por el profesorado de izquierdas. La oradora de VOX pide, en definitiva, que se "protejan a los menores, escuchen a los padres, apoyen a los docentes que buscan la calidad y no la ideología, y deroguen las leyes que amparan los abusos". Así, la ideología presente en el discurso, no solo aparece como una amenaza de la que hay que proteger al alumnado, sino como algo negativo que debe ser rechazado *per se*.

c) La batalla ideológica

El discurso de Rocío Monasterio[65] en la defensa de su Proposición de Ley sobre igualdad de género vuelve a poner en acción el rol de la ideología, cuando señala al gobierno regional como responsable de no dar "(…) la batalla ideológica ni con Cataluña, ni con la defensa de la nación, ni con la derogación de la memoria histórica, ni con las leyes de género, ni con la defensa de la vida…, no la dieron con nada". Como consecuencia de ello, la portavoz describe la situación social de España a través de la expresión "ya ven donde estamos hoy".

En su intervención, Rocío Monasterio plantea que "¡nos quieren arrebatar hasta el derecho a opinar!". Si diseccionamos la frase resaltan tres elementos: i) "nos quieren", construyendo un *ellos*, los usurpadores, frente a un *nosotros*, las víctimas que son arrebatadas; ii) el uso de la voz

"hasta", poniendo en contexto una especie de límite into-
lerable para mostrar el peligro de lo que puede ser arreba-
tado en el corto y medio plazo; y iii) al culminar con "el
derecho a opinar", mezcla la opinión con el acto de legis-
lar. Por esta razón, estar en contra de su propuesta de ley
sobre igualdad de género, se vislumbra como un ataque a
su opinión. Un aspecto que invita a reflexionar acerca de
cómo VOX mezcla temas relativos a la legalidad, la legitimidad o los derechos humanos en el ámbito institucional,
para obtener réditos políticos.

d) Todo es cosa de la ideología

Para VOX, reconocer la diversidad conlleva enfrentamiento. En su discurso, Rocío Monasterio afirma que
"quieren dividir ustedes a los españoles en infinitos colectivos, en mujeres contra hombres, a hijos contra padres,
vacunados contra no vacunados, racializados contra no
racializados, indigenismo contra hispanidad. Por eso, queremos derogar estas leyes, la 2/2016 y la 3/2016, porque
nos hacen distintos y nos dividen".

Los ejemplos analizados se corresponden con los principales temas abordados por VOX: la familia, la inmigración
o los menores. Su portavoz enumera cuestiones identita-
rias como responsables del enfrentamiento, dejando sin
nombrar, por ejemplo, el existente entre empresarios y tra-
bajadores o entre ricos y pobres. A través de su discurso, la
portavoz afirma que luchan "por la verdadera igualdad y

contra la discriminación, ¡sí!, pero no a costa de una imposición de una ideología".

A través de un juego de metáforas, plantea que ellos defienden "que todas las personas son iguales, independientemente de su sexo, de su raza, de su orientación sexual" y por eso se "oponen firmemente a la ideología de género (...) que sacrifica los principios constitucionales hasta extremos insoportables". Así, VOX plantea que la ideología de género sacrifica la igualdad enunciada en la Constitución al tiempo que genera una desigualdad inasumible. Apostillan que: "los seres humanos tenemos que tener los mismos derechos y nadie puede imponer otros vinculados con esa autodeterminación de género". Así, VOX considera que oponerse a su visión constituye "una concepción ideológica de la persona basada en la autodeterminación y la quieren imponer al resto de los españoles".

La paradoja de este argumento se sustenta en confundir derechos individuales con la necesidad de reconocerlos como sociedad dentro de la legalidad de un ordenamiento democrático.

Lo dicho pone en el centro del debate la lucha de la ideología como "un grupo de ideas y discursos que buscan describir cómo se debería estructurar la sociedad"[66] para proponer modelos de convivencia social ideales. Estas propuestas deben ser la expresión de posiciones claramente definidas y antagonismos asumidos.

Esto supera la limitación de pensar que los modelos defendidos por la derecha solo repercuten entre sus afines, olvidando que su cosmovisión del mundo se proyecta socialmente, influyendo en los sectores populares a la hora de construir su imaginario social. "El lugar socio-económico no siempre determina el posicionamiento ideológico o comportamiento cultural, trascendental para entender que quienes se adhieren a la ideología de derecha no pertenecen forzosamente a sectores privilegiados, ni viceversa".[67]

Sin lugar a duda, VOX se toma en serio "hablar el lenguaje que el pueblo entiende. Mirarle la boca al pueblo" una de las premisas enunciadas por Joseph Goebbels en el Congreso de la Lealtad celebrado en Berlín en 1934.[68]

VALORES AMENAZADOS

Otra característica común entre VOX y la Lengua del Tercer Reich lo constituye la sustitución del pensamiento por el sentimiento. Es la táctica para abrir la puerta a la empatía y que la sinrazón entre por el corazón. Ya hemos visto que apelar y poner en valor a la familia (especialmente a los hijos) y la libertad (especialmente la de los padres para educar) es clave para engrosar las filas de militantes y simpatizantes a la hora de patrocinar su defensa tal como los han re-configurado. Las piezas analizadas demuestran que VOX no solo centra su lenguaje en la conformación de esos valores. Además, sabe que requiere de dos elementos, igualmente necesarios, para que sus valores calen en la sociedad. Por un lado, tiene que presentarlos como amenazados y por otro, debe poner en frente a alguien o algo culpable de ponerlos en peligro, convirtiéndose así en enemigo. Un objetivo para el cual ponen en marcha, entre otros, el recurso del miedo.

(…) una política demagógica eleva el miedo a criterio para discernir entre la verdad y la mentira. Quien tiene miedo tiene el derecho de su parte, porque lo único que busca el parloteo dominante es engañarnos fingiendo que la situación se puede controlar (…), el discurso demagógico construye una esfera de lo retenido latentemente, que guarda oposición con una esfera de lo negociado manifiestamente. Por eso la demagogia puede presentarse como representante de las "absurdas denegaciones y renuncias" que promete la liberación del miedo, el cual es en realidad eso bajo lo que todos sufren. La demagogia puede expresar sin inhibiciones ni restricciones lo que nos conmueve a todos no porque sea superior a nosotros, sino porque anímicamente es afín a nosotros.[69]

La familia
El discurso del diputado Mariano Calabuig sobre Educación[70] refleja la importancia que tiene la familia para

VOX como la institución que "debe ser el primer educador (…) Somos los primeros educadores de nuestros hijos, ¡y no los demás!". El portavoz alude a una necesidad y una acción donde "todos los padres tenemos la obligación de buscar la mejor educación". Con este planteamiento se podría deducir que al defender la propuesta del cheque escolar a las familias se garantiza una mejor educación. Así, solo hay una opción: los padres que quieren una buena educación, tienen que querer el cheque escolar. El propio orador reconoce que el cheque escolar y el PIN parental "son banderas de VOX". Temas prioritarios para la formación justificando su defensa "porque pensamos en las familias".

La identificación de la sociedad como una gran familia que "va por mal camino", es su metáfora. Así, parece que el cheque escolar es la medida para *salvar* a la sociedad. En el mismo discurso, añade: "los poderes públicos tienen varias formas de asegurar la gratuidad: concierto con los centros privados y el famoso cheque escolar". Este planteamiento es interesante por lo que desestima en su argumentación: la gratuidad de la educación pública por parte del Estado, reforzando así su idea de modelo educativo. Para VOX la educación supone una ecuación donde proteger a la familia se logra mediante el PIN parental y el cheque escolar. Único camino para garantizar el ejercicio de la libertad.

a) Elegir la educación

El portavoz de VOX cosifica la educación a la hora de justificar la necesidad del cheque escolar. Plantea una crítica al sistema educativo que abarca "cuarenta y un años de retraso", refiriéndose al periodo constitucional como obstáculo para acometer la modernización en las aulas. El señor Calabuig afirma que el cheque escolar es lo "que puede garantizar la igualdad de oportunidades y el ejercicio de la libertad de elección por parte de las familias". Así, vemos cómo la libertad es utilizada para justificar, de manera reiterada, un modelo educativo que rechaza la educación pública al proponer "una ayuda directa a las familias" como garantía para "que los padres puedan elegir libremente el centro educativo que quieren". Toda una oda a la educación privada.

De hecho, la principal idea de libertad que subyace a la propuesta es que las familias puedan elegir qué y cómo les enseñan a sus hijos, de tal manera que "los padres puedan verdaderamente elegir en relación con aspectos educativos que consideran relevantes". Algo que repite al hablar de la nueva Ley de educación, al decir que la ministra "tiene el mismo equipo que hizo la LOE de Zapatero, que se negaban a aceptar el derecho de los padres a que fueran ellos los primeros educadores de sus hijos".

b) La libertad es seguridad

El diputado de VOX en la Asamblea, José Ignacio Arias, comienza su pregunta[71] sobre la gestión de un piso que acoge a menores tutelados hablando de que "los barrios tienen que ser seguros; si no hay seguridad en los barrios, no hay libertad". De esta manera se construye un vínculo entre la presencia de centros tutelados con la emergencia de problemas de seguridad. Así, apela a la libertad evocando emociones cotidianas como "ir a la panadería de siempre" o "regresar por la noche sin tener miedo" para justificar el argumento.

Para mostrar la inseguridad que se vive en la Comunidad de Madrid, afirma que "la sensación de la gente es que no hay ni orden ni ley y hay una creciente delincuencia en los barrios". En esta metáfora se describe cómo VOX introduce la visión autoritaria de la sociedad de la que habla Mudde, "apegada a los valores de ley y orden". Una característica que se puede definir como "la creencia en una sociedad estrictamente ordenada, donde las infracciones a la autoridad tienen que ser severamente castigadas".[72]

Con el objetivo de magnificar la situación, el orador transforma hablar con algunos vecinos en un sentir de un barrio: "si hablamos, como lo hemos hecho, con todos los vecinos de estas cuatro zonas, su respuesta es la misma: inseguridad, adicciones a las drogas, peleas, libertinaje…". Resulta interesante la relación que se establece entre libertinaje y delincuencia, mezclando planteamientos que forman parte de un debate que va desde el campo filosófico, el político, cultural y social, hasta el jurídico. En este sentido, aborda problemas legales incorporando argumentos éticos y morales, en una especie de sincretismo teórico, propio de un argumento sofista.

A través de su discurso, el diputado de VOX plantea que "los niños necesitan referencias y una educación en valores de respeto y de convivencia, pero eso no se está produciendo". Para VOX fallan tres pilares: el respeto, la educación y la convivencia, valores sanos y sin ideología. Es ahí donde la familia debe jugar un rol protagonista, acorde a su proyecto de ordenamiento social. Sobre esta base, la invención de un enemigo que amenaza la convivencia social, generando un estado de anomia social que debe ser combatido, adquiere toda la fuerza y su justificación.

De adversario a enemigo

Tras señalar los principios y valores defendidos por VOX, toca identificar los sujetos que, para ellos, ponen en riesgo la sociedad. Su perspectiva es definir claramente un enemigo que sea el culpable de la disolución de la familia, los valores cristianos y la unidad territorial de la patria. En este sentido, valgan como ejemplo las palabras de Rocío Monasterio,[73] al referirse a los valores que "hoy están amenazados por la deriva que ha llevado a España desde que llegó al poder el señor Zapatero".

En el trabajo de Moreno Moreno y Rojo Martínez sobre la construcción del enemigo en los discursos de la derecha radical europea, los autores destacan dos características. Por un lado, consideran que estos "son a menudo significantes vacíos, constructos sociales, conceptos deliberadamente ambiguos que aparecen en forma de punto de fuga".[74] Y por otro lado, destacan su importancia dentro del relato político y su función de informar de los sectores sociales a los que cada partido está interpelando, haciendo imprescindible identificar y caracterizar al enemigo. En este caso, VOX lo deja claro: el enemigo está en la izquierda, el feminismo y la inmigración.

El discurso de VOX hace uso del desprecio para criminalizar todo aquello que considera su enemigo. Esta es una característica que Klemperer ya identificó en los discursos de Hitler al subrayar la importancia de la "enumeración de elogios propios e insultos sarcásticos contra el adversario".[75]

La intención de caracterizar al enemigo de esta manera, facilita la adhesión de un sector importante de la población para luchar contra él. Umberto Eco plantea que dicha caracterización no se centra en señalar a los "diferentes que nos amenazan directamente", sino a "aquellos que alguien tiene interés en representar como amenazadores, aunque no nos amenacen directamente".[76] A lo largo de los discursos analizados hemos visto cómo VOX hace uso de este recurso para activar diferentes marcos mentales con el fin de vincular, de manera sencilla, ideas o colectivos a ciertas actitudes y conductas.

La izquierda

A través de un juego de *dis-locaciones*, Rocío Monasterio, en su intervención sobre la pandemia[77] se refiere a la muerte de los ancianos en residencias señalando que "han muerto solos y abandonados" porque "les dejaron atrás", culpando al Gobierno de poner sus intereses por delante de las personas mayores. En esta lógica espacio temporal, Monasterio continúa: "el Gobierno Sánchez-Iglesias puso los intereses políticos por delante de la salud y la vida". La conclusión: los intereses del gobierno no son compatibles con los de la vida y la salud de los españoles, quedando desprotegidos por la acción gubernamental. Siguiendo con esta identificación, en otro discurso, caracteriza al PSOE como un partido que "ha abandonado la Constitución desde que pacta con los 'Bilduetarras' y los comunistas".[78] Así, ya define uno de los enemigos, a través de nuevas denominaciones para vincular terrorismo, con un partido político, Bildu, y, a la vez, equipararlo con una ideología, la comunista. De esa expresión se desprende que ambos están *fuera* del 'sentido común' y forman parte del enemigo que debe ser aniquilado.[79]

El feminismo

Rocío Monasterio declama: "¡Viva el 8-M!" es lo mismo que decir "¡Viva la muerte!".[80] VOX culpa al feminismo de toda la situación que relata respecto a la pandemia en Madrid. La portavoz busca incriminar y deslegitimar al feminismo. Lo hace relacionando las manifestaciones del 8M con una guerra civil de sexos impulsada por el Gobierno central, asociando la igualdad a un conflicto bélico. Asimismo, la diputada Alicia Rubio señala la *ideología de género*[81] como una introducción ideológica en los planes educativos que resta tiempo a otras materias, llegando a señalar que no debe formar parte del horario lectivo. VOX criminaliza la educación en igualdad al interpretarla como parte de una política de "corrupción de menores", facilitada por la permisividad de la legislación vigente. Además, responsabiliza al profesorado. "Profesores que hacen vestirse a los niños con faldas y tacones, profesores de lengua que mandan leer libros con incorrecto lenguaje inclusivo, profesores que imponen su ideología comunista dando mítines".

Para buscar el apoyo a su Proposición de Ley de igualdad y no discriminación de la Comunidad de Madrid, Rocío Monasterio afirma que las leyes actuales van en contra de la lucha de las mujeres: "Estas leyes niegan nuestra identidad sexual, borran de un plumazo la lucha de las mujeres (…) con lo que nos costó votar o tener acceso a la educación."[82] Resulta llamativo este planteamiento porque cualquiera podría pensar que las actuales leyes de identidad de género suponen un recorte en derechos humanos. En la actualidad nadie se está planteando retirar el voto o el derecho a la educación a las mujeres. Este es un ejemplo más de su recurso al miedo para buscar el apoyo a sus postulados no solo en el hemiciclo, sino influir en la agenda política.

Continuando, la oradora afirma que "estas leyes imponen contenidos como la autodeterminación en la educación, vulneran el derecho de la presunción de inocencia, vulneran el derecho de los padres a educar a nuestros hijos según nuestros valores; dejan desprotegidos a los niños, a los que someten a terapias hormonales y a bloqueadores de pubertad que no son reversibles, haciendo un daño brutal (...) son una amenaza precisamente para los que tenían que estar más protegidos, que son los niños". Así, Rocío Monasterio agrega: "¿Saben ustedes que con estas leyes pueden quitar la custodia a los padres? ¿Saben ustedes que con estas leyes estos que hay aquí pretenden quitar los niños a las familias?".

Cabría preguntarse cómo este mensaje apocalíptico puede permear en una familia para considerarlo veraz. Solo cabe una respuesta, apelando al miedo. Alertar de que una ley quiere quitarle los hijos a una familia para que ésta se siente atacada, se ponga a la defensiva y rechace a sus promotores. Si además los tildo de comunistas, totalitarios o delincuentes, tengo la tormenta perfecta.

Rocío Monasterio considera la autodeterminación de género un "peligro social (...) ¡los violadores se van a liberar porque se autodeterminan mujeres! ¡Eso es lo que está defendiendo el PSOE de hoy! ¡Menudo ridículo!". De paso, aprovecha para negar la violencia de género, afirmando que "los socialistas ni siquiera pueden defender la protección contra la violencia, porque un violador se declara mujer y se acabó toda su teoría de la violencia de género". Un ejercicio que culmina negando la violencia machista y culpabilizando al PSOE del aumento de violadores en la calle, consecuencia de la aprobación de la llamada Ley Trans en el Congreso.

La discriminación positiva es indigna y cosifica

Siguiendo con la defensa de su ley de igualdad, la portavoz de VOX mezcla situaciones, que define como "casos reales" para cuestionar la discriminación positiva: "¿Por qué tenemos que escuchar a un consejero de un gran banco decir que buscan una mujer racializada para cumplir con la cuota? ¿O por qué dicen que buscan un gay hispano para completar el consejo de administración? (...) a los diputados gais que hay en este pleno, que tienen mucha más valía que sus compañeros y a los que ustedes solo sacan aquí para hablar cuando son temas LGTBI, eh?".

En un enredo de metáforas y cambios en el uso de la primera y la tercera persona, apela a que algo/alguien que está ahí fuera es quien (nos) está manipulando: "¿Dónde queda la dignidad de las mujeres, gais, trans, con esta política de cosificación que hacen de nosotros? ¿No os dais cuenta que nos están utilizando a las mujeres, a los gais, a los racializados, etcétera? (…) las primeras víctimas de esas leyes son aquellos a los que supuestamente defienden. No hablen en su nombre, no hablen en nuestro nombre, déjenos pensar en libertad a cada uno de nosotros".

Un argumento que viene a mostrar que para VOX "dada la igualdad formal presuntamente satisfecha, cualquier política pública institucional dirigida específicamente a las mujeres se considera innecesaria cuando no directamente discriminatoria para los hombres".[83]

Victimización ideológica y lobbies LGTBI

Para defender lo que han llamado *pseudodiscriminación*, la portavoz de VOX niega la discriminación por orientación sexual frente a la única discriminación que existe para ellos, la discriminación ideológica. Llegando a equiparar la orientación sexual con la orientación ideológica a través de la expresión *salir del armario*: "Como dice un amigo mío: la primera vez que conté mi orientación sexual y salí del armario nadie se metió conmigo; la segunda vez, cuando salí del armario y dije que era de Vox me insultaron, todos los lobbies fueron a por mí, sentí de verdad lo que era la intolerancia, la violencia, la agresión (…) los lobbies LGTBI, a los que, por cierto, este Gobierno paga y se erigen en la única voz de todos ellos y, al que discrepe, lo castigan (…) y ya sienten la bota de ellos y su yugo sobre su nuca".

Derechos como privilegio, los "neoderechos"

La intervención de Rocío Monasterio muestra cómo VOX identifica estos derechos como privilegios para unos pocos que ponen en riesgo los valores de todos. Considera que esta forma de actuar es conceder "privilegios a una élite en nombre del género, la raza o circunstancias particulares, que nos niegan al resto de los españoles". La portavoz pone en práctica un discurso por el cual establece que estas leyes crean "neoderechos con rango de derecho fundamental" e insiste en que "nosotros no nos metemos en la cama de nadie, pero eso no puede ser generador de neoderechos por encima del resto". Se trata de un caso llamativo de construcción de un concepto, *neoderechos*, a través de una metáfora viva que tiene tras de sí toda una arquitectura ideológica. Un vistazo por la red vislumbra que es un término (no admitido por la RAE) utilizado mayoritariamente por la derecha y la extrema derecha.

La exdiputada Alicia Rubio en 2016 editó un libro titulado *Cuando nos prohibieron ser mujeres… y os persiguieron por ser hombres. Para entender cómo nos afecta la ideología de género*. Un texto que incorpora un capítulo dedicado a "Los neoderechos, las pseudodiscriminaciones… y las legislaciones discriminatorias de nombre orwelliano". Una publicación que señala los derechos que según su perspectiva son "artificiales y se oponen a la biología, la antropología, la neurofisiología, la genética y al sentido común, creando pseudodiscriminaciones".

Para explicar el efecto de estas estrategias, Klemperer constató que "la Lengua del Tercer Reich es el lenguaje del fanatismo de masas. Cuando se dirige al individuo, y no solo a su voluntad, sino también a su pensamiento, cuando es doctrina, enseña los medios necesarios para fanatizar y sugestionar a las masas".[84] La intensidad con la que VOX repite este planeamiento desde la tribuna da pistas de su juego político para direccionar el marco del debate público. Un ejemplo es cómo desplazan los derechos LGTBI que, según ellos, impone el colectivo a una mayoría social de forma totalitaria, como si obligasen a todo el mundo a formar parte del mismo. Cuál es su alcance ¿Se trata de un concepto en disputa? ¿Será *neoderecho* para la extrema derecha lo que supuso la categoría de *subhombre* para el Tercer Reich? Algunas de estas preguntas merecen un estudio más detallado, pero no se puede negar la capacidad de la extrema derecha para sintetizar un conjunto de ideas en una sola palabra, facilitando su imposición en la vida cotidiana.

(…) nunca me interesa determinar la primera utilización de una expresión o de un matiz, pues la mayoría de los casos resulta imposible; cuando uno cree haber hallado al primero en emplear una palabra correspondiente, siempre encontrará luego a un predecesor. Pedí a F. que consultara, por ejemplo, el artículo "superhombre" en el Büchman: allí vería que la palabra se remontaba a la Antigüedad. Yo mismo encontré no hace mucho a un "subhombre" en el *Stechlin* de Fontane, a pesar de que los nazis se sienten orgullosos de sus subhombres judíos y comunistas y de la correspondiente "subhumanidad". Bien pueden sentirse orgullosos de ellos, como Nietzsche de su superhombre a pesar de sus célebres precursores. Pues una palabra, un determinado matiz o un determinado valor de una palabra solo cobran vida dentro de una lengua, solo se vuelven realmente existentes cuando se introducen en el uso lingüístico de un grupo o de la comunidad y se mantienen allí un tiempo. En este sentido, el "superhombre" es sin duda una creación de Nietzsche, y el "subhombre" y el *aufziehen* neutro y carente de toda burla corren a cuenta del Tercer Reich.[85]

LOS MENORES EXTRANJEROS NO ACOMPAÑADOS

Rocío Monasterio se refiere a los menores no acompañados como un sector de la inmigración que se puede "abocar a la delincuencia y marginalidad"[86] en un proceso de homogeneización del colectivo, vinculando su realidad a la delincuencia. Resulta curiosa la forma en la que la portavoz de VOX relaciona a estos menores con la escasez de recursos, el malestar social y el peligro de la delincuencia en España. Así, subraya que cuando "se crea un nuevo recurso, es decir un nuevo centro de MENAs, inmediatamente aparece un número mayor de menores solicitando su inmediato ingreso".

En este sentido, lo que podría parecer una preocupación por la escasez de medios para garantizar la protección de dichos menores, esconde un relato para alertar del denominado *efecto llamada*, a través de una simplificación del proceso real y obviando la obligación de las administraciones respecto a la protección del menor.

Una escasez de medios que, en palabras de Monasterio, genera *malestar social* porque supone un *peligro potencial*, en tanto la falta de recursos puede derivar en que el *medio de subsistencia* de estas personas sea recurrir a *la delincuencia y la marginalidad*. Así, lo que *a priori* pudiera parecer una preocupación por un colectivo vulnerable 'que viene de fuera' se convierte en la caracterización de una amenaza para 'los que están dentro'.

En otro discurso, el diputado José Ignacio Arias insiste en que "da igual el origen de los niños, como mejor se educan es en su casa y con su familia".[87] Así, nos encontramos ante la siguiente circunstancia: teniendo en cuenta que estamos hablando de menores extranjeros no acompañados, lo que se plantea es un oxímoron. ¿A qué se refiere cuando habla de niños, niñas y adolescentes menores de 18 años que llegan a España sin ayuda ni cuidado de un adulto? Por sus palabras, parece responsabilizar a las familias de dejar solos a los niñas y niñas, obviando las condiciones o circunstancias que padecen en sus países de origen. Sin lugar a duda, el portavoz utiliza una expresión de la que se puede extraer que los niños que no están en su casa con su familia, es decir, todos los menores extranjeros no acompañados, no pueden estar bien educados. Y es la falta de educación por parte de la familia la que origina dichos comportamientos delictivos. Es decir, para VOX la sola presencia de niños y niñas migrantes no acompañados es sinónimo de inseguridad y delincuencia en los barrios.

Los tres enemigos de VOX: la izquierda política, la identidad sexual e igualdad de género y la inmigración son los responsables del adoctrinamiento comunista, de imponer el discurso LGTBI y la ideología de género y del incremento de la delincuencia que acaba con la convivencia. En términos bélicos, una caracterización donde el otro es el enemigo que derrotar y la batalla está justificada. No solo se trata de una simple batalla ideológica, además apelan a poner en práctica acciones para "defender" o "proteger" a la ciudadanía del comunismo bilduetarra.

Parece oportuno señalar si la apelación de VOX a la ideología está justificada por un interés social o de clase. A pesar del carácter neoliberal del partido en el ámbito económico y su defensa del sistema capitalista, sus críticas a la ideología no van dirigidas a la estructura de clases. Su discurso tiene que ver más con la acción simbólica de la ideología para expresar sus intereses con el objetivo de presentarla como una identidad. Criticar la ideología y pretender presentarte fuera de ella, argumento recurrente en VOX, constituye en sí una propuesta ideológica.

No se debe al azar el hecho de que el lugar específico de la ideología exista en la política, pues la política es el terreno en que las imágenes básicas de un grupo suministran en definitiva reglas para ejercer el poder.[88]

LOS SALVADORES

Para VOX, una vez identificados sus enemigos, toca combatirlos. Tras enumerar los valores amenazados y señalar a los culpables, el partido se propone enfrentarlos. El discurso de la extrema derecha reduce la política como un frente de batalla donde son ellos quienes representan la valentía para hacer 'lo que hay que hacer' frente a la *política de cambalache* que practican el resto de los partidos, especialmente el que representa a la que denominan *derechita cobarde*. Un aspecto que los presenta a ellos, curiosamente, como "antisistema". VOX ha llegado para cambiarlo todo, para "acabar con los chiringuitos", "los mantenidos" y los "gastos superfluos". Según su discurso, están en las instituciones para realizar una defensa de la política bien entendida, centrada y sin ideología. Una dinámica que acentuarán en la XII Legislatura. Aunque en realidad, son el fiel reflejo de practicar la antipolítica. Otra de sus semejanzas con la emergencia del partido nazi.

Un año antes de que el poder pasara a manos de Hitler, Theodor Geiger ve el significado vanguardista de una generación joven que se apea de la historia y se pone en escena como arte de un activismo nacional, convirtiendo así el miedo desasosegante en motor de una nueva época. Hoy sabemos que de estas filas salieron los vanguardistas de la cosmovisión de la época totalitaria que, hasta los años setenta de la posguerra, actuaron, no solamente en Alemania, como élite dirigente de la sociedad indus- trial.[89]

Quizá, sea este uno de los elementos que más han podi- do influir en la normalización de ciertos debates que con- siderábamos superados. Recuperarlos en un contexto de crisis sistémica "aumenta la ventana de oportunidad que estos partidos tienen para plantearse como solucionadores de los problemas a los que las instituciones no pueden dar respuesta o no de la manera en la que la ciudadanía espe- ra (…) y así estos partidos se presentan como "las verda- deras alternativas" que han aprovechado "para posicionar- se como actores centrales del juego democrático".[90]

Atacando a la izquierda

Rocío Monasterio utiliza su discurso para presentar a VOX como guardián de la política. La oradora diferencia a su partido planteando que han llegado a la política para hacer las cosas de otra manera: "nosotros aquí no hemos venido a la política para cambalaches políticos ni para el reparto de puestos, ni para repartirse partidas de presupuestos".[91] De sus palabras se deduce que se presentan como un actor cuyo fin es dignificar la actividad política, aclarando que "hemos venido para defender ideas, para dar la batalla ideológica, la defensa de nuestra soberanía, la defensa de la nación española, la defensa de la verdad, la defensa de la familia, de la propiedad, de los valores, de la belleza; para eso hemos venido".

Aquí, la construcción de metáforas bélicas y el reconocimiento del uso de la ideología por parte de VOX, se explicita. A la vez, ponen de manifiesto su uso como arma arrojadiza contra la izquierda, por usarla para manipular a las personas frente al sentido común que dicen representar ellos. Rocío Monasterio reivindica parte del éxito obtenido en la guerra contra la izquierda en la Comunidad de Madrid, la existencia de un gobierno del Partido Popular: "dijimos también que no seríamos un obstáculo para investir con nuestros votos a la señora Díaz Ayuso y hemos cumplido, y estamos comprometidos con ser un impulso a la prosperidad de todos los madrileños y lo hemos cumplido con el acuerdo de trece puntos recientemente firmado para los presupuestos. Nosotros hemos sido leales, nosotros hemos cumplido".

Atacando al feminismo

Siguiendo la estrategia de construir metáforas a modo de silogismos, la portavoz vincula su propuesta de ley sobre igualdad de género en la Comunidad de Madrid como un apoyo a la Constitución: "hoy tienen ustedes que decir si están con la Constitución o están en contra".[92] Esta presentación binaria manifiesta que rechazar su propuesta es ubicarse fuera del orden constitucional. Lo cual debe entenderse como un órdago al Partido Popular: "los señores del PP hoy ya tienen que decidir dónde quieren estar: de parte de todos estos que nos insultan, que dicen que nos quieren quitar a nuestros hijos, que quieren acabar incluso con el derecho a opinar o debatir, o con la libertad".

Y para ello, en medio de la batalla ideológica, recurre, otra vez, a la contradicción valentía/cobardía: "¿Van ustedes a defender la libertad de verdad?, ¿o van a agachar la cabeza todos avergonzados ante la imposición de los totalitarios y de los comunistas? ¡Menudo ridículo! ¡Sean ustedes valientes! Sean ustedes valientes de una vez, den la batalla ideológica. ¿No ven que les imponen las ideas y ustedes únicamente se dedican...?" Así, el PP estaría obligado a decantarse entre comunistas y totalitarios o ser valientes y defender la libertad.

Atacando a la inmigración

Buscando diferenciarse del Partido Popular, VOX instrumentaliza la inmigración[93] señalando a los populares como "un partido que no se atreve a decir que no pueden entrar en nuestras fronteras (...) nosotros estamos aquí para resolver las cosas y prevenirlas". Reclama como un acto de valentía que VOX es la única formación capaz de hacer frente al problema, cuestionando las vigentes leyes de inmigración. Su propuesta es ejercer, sin miedo, una mayor represión, defendiendo la expulsión de quienes no tengan papeles, llegando incluso a negar el *habeas corpus*, si fuese necesario, con la repatriación en caliente. En su respuesta, la presidenta de la Comunidad de Madrid, Díaz Ayuso, como excusa le recuerda a Rocío Monasterio que "nosotros no podemos expulsar a nadie y no podemos deportar a nadie, no tengo competencias ni para poner un muro en Aranjuez de entrada de los menores que vienen desde Andalucía y no tengo competencias para soltarles en el desierto", dando por válido el marco planteado por VOX.

Dentro de la manipulación ideológica que realizan, VOX suele citar documentos que se convierten en vademécum para legitimar sus propuestas. Este es el caso de Rocío Monasterio cuando alude a un documento de la fiscalía que, según infiere, refleja un malestar ciudadano frente a la inmigración. Su objetivo es asentar la política de VOX en un sentir social que legitima su propuesta de no abrir centros de MENA, al recalcar que en dicho informe se subraya que "en los barrios la gente ya está harta". Es decir, pretende dar apariencia de objetividad a su programa, permeando la posición política de su partido.

España una y no cincuenta y una:
atacando a las autonomías

Rocío Monasterio aprovechará su pregunta relativa a la pandemia[94] para mostrar su posición contraria al sistema de Comunidades Autónomas del Estado, planteando que hay que enfocar el problema como parte del "(…) desastre de coordinación del sistema autonómico, que todos ustedes comparten y defienden, de izquierda a derecha (…) sistema del que viven sus partidos". De esta manera, califica al resto de partidos como organismos parásitos; frente a su partido, *el único* que busca establecer en España a un estado unitario, disminuyendo competencias autonómicas o directamente eliminándolas. Para justificar este argumento se pregunta: "¿Cómo es posible que solo se llenaran 3.900 camas de UCI en pleno pico de la pandemia cuando en toda España teníamos 4.600 camas? Al hacer esta pregunta asume que la muerte de personas mayores se debió a la falta de coordinación derivada de las competencias que cada comunidad tiene en materia sanitaria. Así, para VOX la muerte por COVID 19, sería en gran medida responsabilidad del orden autonómico.

a) Cobardes y valientes

En este punto es importante relacionar las apelaciones a la *valentía* que hace VOX en sus discursos. Para ello, me remito a las reflexiones de Klemperer relacionando las palabras *heroísmo* y *coraje* al explicar el lenguaje del Tercer Reich. El filólogo alemán, identificó cómo el nazismo logró que personas que no participaban de las atrocidades del Reich las avalaran, en tanto formaban parte de una guerra llevada a cabo para defender Alemania de sus enemigos. "Quien no participaba de las atrocidades estaba firmemente convencido de que libraban una guerra defensiva".[95] Esta sería una de las claves para explicar la normalización de ciertos debates. Efectivamente, cuando alguien insiste en el señalamiento y caracterización de un enemigo como una amenaza real de lo que –también– le han dicho una y otra vez que es lo más valioso para el –léase la familia y la libertad–, la batalla está justificada. Una concepción que, olvida que "el héroe es alguien que realiza actos positivos para la humanidad".[96] Recortar derechos, como hacen las iniciativas de VOX, nada tiene que ver con los actos de valentía.

Rocío Monasterio achaca a la cobardía del PP, la situación en la cual se encuentra España y, por tanto, la Comunidad de Madrid: "dejaron ustedes desprotegidos a los españoles frente al separatismo; se abstuvieron frente a

la ideología de género, frente a la ideología de los totalitarios, desprotegiendo a las familias, desprotegiendo a los
niños; se abstuvieron ante los niños como el niño de
Canet; esa fue su abstención".[97] Para VOX, valentía sería
un sinónimo de apoyar su ley de igualdad. Así, interpelan
a la presidenta de la Comunidad: "Hoy, señora Ayuso,
veremos si usted, una vez más, forma parte de ese PP o se
libera de la cobardía, se la quita (…) sea usted valiente,
haga frente a los totalitarios y defienda de verdad la libertad; hoy es su gran oportunidad".

b) La ciencia, llave de su propuesta

VOX recurre a las metáforas vinculadas a la ciencia para
hacer ver que sus propuestas están avaladas en el 'sentido
común' a través de un lenguaje tecnocrático. El diputado
de VOX, José Luis Ruíz, para referirse al presupuesto,
plantea que este debe contener un "plan de ahorro, (…) de
rescate" que ayude a "sobrevivir".[98] Para que sea factible, un
presupuesto debe tener claro cuál es su objetivo, centrarse
"en lo importante, que dejen a un lado el gasto superfluo,
que reduzcan cargos y reduzcan cargas". Con este juego de
metáforas, el diputado identifica sus propuestas con lo
económica, política y técnicamente deseable. De tal modo,
todo lo que no coincida con su relato constituiría un
obstáculo para el buen funcionamiento de la Comunidad.
A través del juego de palabras realizado al presentar al per-
sonal como "cargos" y "cargas" se observa la opinión que

tiene VOX sobre el papel de las partidas presupuestarias, preguntándole al consejero si "está dispuesto a reducir las dotaciones superfluas, a eliminar cargos, a reducir subvenciones, a reducir entes, para destinarlas a aumentar las ayudas a autónomos y a empresas". Esta idea del 'gasto superfluo' cobra importancia para VOX en la XII Legislatura. Existe un cambio en el modo de afrontar el tema. Aunque tenga tendencia a utilizar la carta del "gasto superfluo" cuando habla de presupuestos, en la XII Legislatura sus iniciativas se centraron en lo que denominaron "gasto político" para poner en duda las subvenciones a los sindicatos o para solicitar la reducción del número de diputados en la Asamblea de Madrid.

c) Comunismo o libertad

Esta dualidad marcó la campaña electoral del 26 de mayo de 2021, siendo en la actualidad uno de los mantras de la derecha y la extrema derecha. El "álgebra metafórica", a través de un juego de dislocación por oposición: comunismo o libertad, es el mejor ejemplo del uso de 'esquemas binarios' para transmitir de manera sencilla, una idea haciendo creíble una mentira. Así, Rocío Monasterio le recuerda a Díaz Ayuso su lema de campaña *comunismo o libertad*[99] al decirle que es necesario "hacer frente a las ideologías totalitarias de izquierda" y le plantea que "hoy veremos si está con las ideologías de los totalitarios o si defiende usted la libertad".

d) La post-verdad como revisionismo histórico

"Dicen ustedes del franquismo; mire, yo aquí la única historia que conozco es la del Che Guevara que llevan ustedes en las camisetas, ¡los que ustedes defienden en Cuba! A esos los conozco bien".[100] Este argumento fue esgrimido por Rocío Monasterio cuando el debate trataba de la persecución de los homosexuales en España durante el franquismo. Para señalar que si bien ella, conocía de su persecución en Cuba, no tenía referencias de haber sido reprimidos en España. Así, acabaría apostillando "encima de ultraizquierda son ustedes ignorantes", recordándole al portavoz del PSOE que la ley de Vagos y maleantes en España "era de Azaña, (...) Por favor, entérese usted, ¿eh?, ¡de la Segunda República!". Si bien Rocío Monasterio tiene razón cuando señala que la Ley de Vagos y Maleantes fue aprobada por las Cortes de la Segunda República, también lo es que fue la dictadura franquista, en 1954, la que incorporó la persecución de la homosexualidad, cosa que la portavoz de VOX o bien olvida o desconoce. Dicha ley incorporó al tratamiento de vagabundos, nómadas, proxenetas y otros comportamientos considerados antisociales, a las personas homosexuales, al entenderse que ofendían "la sana moral de nuestro país por el agravio que acusan al acervo de buenas costumbres, fielmente mantenido en la sociedad española".[101]

e) Las balas en la recámara

La influencia del lenguaje de VOX en la transformación del sentido común también se nutre de otras característica, como la experiencia del nazismo:

1. Podríamos decir que el conjunto de expresiones e insultos utilizados por VOX responden a lo que se definió como "*la retórica descarada*" una táctica que caracterizaron los discursos de Adolf Hitler.[102]

2. La llamada *malevolencia deliberada*. Los ejemplos que hemos visto de retorcimiento de las cifras y revisionismo forman parte de esta estrategia que busca mediante "el engaño y la intoxicación" construir el relato.[103] Como ya hemos visto, el discurso de VOX busca el cuestionamiento de algún derecho presentándolo como limitante de otro, de manera que parezca que hay que elegir entre uno u otro, porque ambos son incompatibles. El primero limita el segundo, o viceversa.

Para entender el uso de ambas en el discurso de la postverdad para la construcción del sentido común propuesto por VOX, tomemos el siguiente ejemplo. Rocío Monasterio vincula la política fiscal con la presupuestaria, comparando la bajada de impuestos con el presupuesto destinado a los menores no acompañados: "solo va a dedicar 16,4 millones a bajar los impuestos, y dedica 24 millones a los MENA".[104] Comparando una política de gastos e ingresos, la portavoz afirma que el gobierno ha dedicado menos dinero a bajar los impuestos 'a los de aquí' que en políticas para subvencionar a 'los de fuera', estableciendo una relación directa entre la cantidad destinada a los menores extranjeros no acompañados y la falta de recursos en dependencia. De forma maniquea, presenta a los menores no acompañados como los responsables de la subida de impuestos y el dinero dedicado a las ayudas sociales. Siendo, como lo son, dos factores sensibles para la ciudadanía, los impuestos y las ayudas. De esta manera, sentencia: "137 euros por MENA, ¡que ya le gustaría tenerlo a alguno que está esperando la dependencia en la Comunidad de Madrid y al que nunca le llega!".

Por último, quisiera destacar que la presencia de metáforas de tecnificación utilizadas por VOX, para justificar sus propuestas políticas, recuerdan a la "*mecanización lingüística de la vida*" utilizada por el partido nazi, a la hora de imponer su sentido común. Una práctica extendida en la política de propaganda a la cual recurre cuando se trata de hacer uso de sus estrategias binarias de manipulación.[105]

A MODO DE CONCLUSIONES

El discurso de VOX lanzado desde las instituciones en el debate público no es azaroso ni está improvisado. Responde a una construcción estructurada para imponer su agenda y su particular visión del mundo. Una tarea en la cual logran avanzar gracias a la normalización de su presencia en las instituciones. Las instituciones se transforman en caja de resonancia para su proyecto reaccionario. Un discurso que entra en acción desde un lugar privilegiado para llegar a la ciudadanía de manera expedita y sin ningún cortafuego. Y lo hacen de manera sencilla, para cubrir sus objetivos:

(…) el discurso no solo cobraba mayor importancia que antes, sino que también alteraba, necesariamente, su esencia. Al dirigirse a todos, y no solo a los representantes elegidos del pueblo, debía resultar comprensible para todos y, por tanto, más popular. Popular es lo concreto; cuanto más tangible sea un discurso, cuanto menos dirigido al intelecto, tanto más popular será. Y cruza la frontera hacia la demagogia o la seducción de un pueblo cuando pasa de no suponer una carga para el intelecto a excluirlo y a narcotizarlo de manera deliberada.[106]

El recurso a las emociones refleja, entre otras cosas, el conocimiento de VOX de su importancia a la hora de generar políticas. "La creación de ecosistemas emocionales en la política también facilita –aunque no siempre– oportunidades para una mayor personalización e implicación de los ciudadanos en los asuntos públicos (...) Quien desde la política o desde las disciplinas a su servicio, no comprenda que sin la creación de momentos o contenidos memorables no hay opciones de éxito político estará perdiendo una gran oportunidad para avanzar. Y sólo recordamos lo que nos hizo sentir (soñar, imaginar, desear, aspirar, emocionar. (...) La política de las emociones es aquella que reconoce el papel determinante de los sentimientos en el compromiso y la acción política".[107]

VOX ha recurrido al miedo, una de las emociones primarias a la hora de conseguir voluntades y lograr una mayor aceptación de sus ideas reaccionarias. Tener miedo facilita que se pongan en acción todos los demás sentimientos, generando un estado de ánimo capaz de movilizar a la ciudadanía, desde el simple rechazo a "los enemigos" hasta la identificación con VOX para acabar con ellos, por considerarlos una amenaza a su libertad. Apelar a una política del miedo abre la puerta para transformar a VOX en el caballero andante que luchará para desactivarlos y construir en su lugar una sociedad estable y segura. Señalar que los responsables de los miedos que aquejan a la sociedad española son la izquierda, la igualdad de género e identidad sexual y la inmigración es el narcótico social para justificar la precariedad o una involución en los derechos democráticos sociales, políticos, económicos, étnicos, de género o culturales. Un enfoque emocional del papel que juega el miedo, abordado por Bude para referirse al mismo como *experiencia de la sociedad*:

> Aquí, "miedo" es un concepto que recoge lo que la gente siente, lo que es importante para ella, lo que ella espera y lo que la lleva a la desesperación. En los conceptos de miedo se ve claramente hacia dónde se desarrolla la sociedad, en qué prenden los conflictos, cuándo ciertos grupos han claudicado en su interior y cómo se propagan de pronto ánimos generales apocalípticos y sentimientos de amargura. El miedo nos enseña qué es lo que nos está sucediendo. Hoy, una sociología que quiera comprender su sociedad tiene que dirigir su mirada a la sociedad del miedo.[108]

VOX hace uso de una gran capacidad de síntesis. A través de estructuras lingüísticas sencillas, introducen nuevos conceptos a través de metáforas vivas. Conceptos cuyo significado implica la construcción de una actitud binaria de aceptación o rechazo. Algunos casos se han normalizado, logrando su objetivo. Es el conocido como PIN Parental, o libertad educativa por el que la familia decide sobre el currículo educativo. Así, el miedo a que los hijos sean manipulados transfiere a los padres y madres la decisión sobre los contenidos educativos de sus hijos e hijas. Con este planteamiento, parece más correcto denominar a esta medida *veto parental*. Sin embargo, la metáfora que se ha impuesto es la primera, vinculada una idea de libertad sustentada en una arquitectura ideológica mostrada en estas páginas.

Una estrategia de acción política que se repite cuando direccionan el rechazo al utilizar el recurso al odio como emoción central. Ahí se sitúa el discurso de los *neoderechos*, las *pseudodiscriminaciones*, la *ideología de género*, *bilduetarras* o *fanatismo climático*.

En definitiva, los discursos de VOX en las instituciones se proyectan en el debate público y generan un particular sentido común, que se impone lentamente, horadando la condición humana, la dignidad y los pilares de un proyecto democrático, fundado en la igualdad y la justicia social.

Notas

1. Solano Gallego, E., Bringel, B., & Álvarez-Benavides, A. (2021). "Las derechas radicales contemporáneas en Brasil (y América Latina): aprendizajes y desafíos para las izquierdas: Una conversación con Esther Solano y Breno Bringel". *Encrucijadas. Revista Crítica de Ciencias Sociales*, 21(2), e2106.

2. Álvarez-Benavides, A. y Toscano, E. (2021). "Investigar la extrema derecha del siglo XXI: características, significados, actores y enemigos". *Encrucijadas. Revista Crítica de Ciencias Sociales*, 21(2), p2102 (p.2)

3. Akkerman, de Lange y Rooduijn, 2016; Hainsworth, 2016 en Ferreira, C. (2019)." Vox como representante de la derecha radical en España: un estudio sobre su ideología". *Revista Española de Ciencia Política*, (51), (pp.73-98).

4. Ortiz Barquero, P., Ruiz Jiménez, A. M.ª y González Fernández, M. T. (2020). "El caso español y sus implicaciones para el estudio de la ultraderecha: antecedentes y nuevas estrategias de investigación". *Revista de Estudios Políticos*, 188 (p. 214).

5. Ferreira, C. (2019). "Vox como representante de la derecha radical en España: un estudio sobre su ideología". *Revista Española de Ciencia Política*, (51),

6. Diversos medios se hicieron eco de la vinculación de cargos pertenecientes a VOX y al Partido Popular con dicho altercado.

7. Ferreira, C. (2019). Op.cit.

8. Álvarez-Benavides, A., y Toscano, E. (2021). Op.cit. (p.16).

9. Marantz, A. (2020). *Antisocial. La extrema derecha y la 'libertad de expresión' en internet.*

10. Abreviatura de *alternative-right.*

11. Moreno Moreno, S., & Rojo Martínez, J. M. (2021). "La construcción del enemigo en los discursos de la derecha radical europea: un análisis comparativo". *Encrucijadas. Revista Crítica De Ciencias Sociales*, 21(2), a2112. (p.11)

93

12. Klemperer, V. (2001): *LTI: La Lengua del Tercer Reich. Apuntes de un Filólogo*. Ed. Minúscula. Barcelona. (p.42).

13. Ortiz Barquero, P., & Ramos-González, J. (2021). "Derecha radical y populismo: ¿consustanciales o contingentes? Precisiones en torno al caso de VOX". *Encrucijadas. Revista Crítica de Ciencias Sociales*, 21(2), a2111 (p.1).

14. Ortiz Barquero, P., & Ramos-González, J. (2021). Op.cit. (p.9).

15. Ortiz Barquero, P., & Ramos-González, J. (2021). Op.cit. (p.17).

16. Pérez Castaños, S., & García-Hípola, G. (2021). "La derecha radical populista en las Elecciones al Parlamento Europeo 2019. Diferencias y similitudes en la dinámica de comunicación". *Encrucijadas. Revista Crítica de Ciencias Sociales*, 21(2), a2110.

17. Sánchez-Iglesias, E., Sánchez-Jimenez, V., & Fernández-Vázquez, G. (2021). "El programa del Frente Nacional francés a la luz de la teoría de las fórmulas ganadoras". *Encrucijadas. Revista Crítica de Ciencias Sociales*, 21(2), a2113 (p.10).

18. Díez, Sribman y Merigó, 2021en Álvarez y Toscano, 2021. Op.cit. (p.10).

19. Wieviorka, 2021 en Álvarez y Toscano, 2021. Op.cit. (p.11).

20. Sánchez-Iglesias, E., Sánchez-Jimenez, V., & Fernández-Vázquez, G. Op.Cit. (pp. 3-4).

21. Ibáñez, T. (2003). "El giro lingüístico", en L. Íñiguez (ed.), *Análisis del discurso. Manual para las ciencias sociales*. Editorial UOC.

22. Ibáñez, T. (2003). Op.cit.

23. Barthes, R. en Potter, J. (1998). Discurso y construcción, en *La representación de la realidad. Discurso, retórica y construcción social* (pp. 95-158). Paidós.

24. Foucault, M. (2024) *Historia de la sexualidad 1. La voluntad del saber*. Madrid. Siglo XXI Editores. (pp. 122-123).

25. Lizcano, E. (1999). "La metáfora como analizador social". *EMPIRIA. Revista de Metodología de Ciencias Sociales*. (N.º 2) (pp. 29-60).

26. Ibáñez, T. (2003). "El giro lingüístico", en L. Íñiguez (ed.), *Análisis del discurso. Manual para las ciencias sociales*. Editorial UOC.

27. Grace (1987) en Potter, J. (1998). Op.cit. (p.133).

28. Simons (1990) en Potter, J. (1998) Op.cit (p.140).

29. Potter, J. (1998). Op.cit. (p.141).

30. Potter, J. (1998). Op.cit.

31. Ibáñez, T. (2003). Op.cit.

32. Lakoff, G y Johnson, M. (1995). *Metáforas de la vida cotidiana*. 3ª ed. Barcelona. Cátedra (p.39 y sig.).

33. Lizcano, E (2006). *Metáforas que nos piensan*. Traficantes de sueños (p.48).

34. Todo ello prestando atención a pre-juicios y creencias en las que, siguiendo a Ortega y Gasset no se *tienen* sino *se está*.

35. de La Boétie, E. (2008). *Discurso de la servidumbre voluntaria*. Editorial Trotta (p.50)

36. Rose, N. 1989 en Potter, J. 1998. Op.cit. (p.118).

37. Potter, J. 1998. Op.cit. (p.119).

38. Lizcano, E. 1999. Op.cit.

39. Lizcano, E. (2006). Op.cit. (p.54).

40. Harvey, 1989 en Potter, J. 1998. Op.cit (p.120).

41. Conocer las respuestas requeriría de otro trabajo de investigación, incorporando otras técnicas de investigación, tanto cualitativas como cuantitativas. Todo ello bajo la asunción de la dificultad y relatividad de la propia esencia del hecho de medir, cuyo estudio requiere, siguiendo a Beatriz Mañas (2008) una *mirada sociológica*.

42. Lakoff, G. (2011). *No pienses en un elefante*. Cátedra. (p.16)

43. Turner, T. S. (2006). "Tropos, marcos de referencia y poderes". *Revista de Antropología Social. Cornell University*. (p.306).

44. Swidler, A. (1997): "La cultura en acción: símbolos y estrategias", *Zona Abierta* nº 77-78, pp. 127- 162.

45. Weber, M. (1979). *Economía y Sociedad*. México. Fondo de Cultura Económica (p.43).

46. Lo dicho es el resultado de haber analizado todas y cada una de las iniciativas parlamentarias tramitadas por parte de VOX en la Asamblea de Madrid, en concreto en cada sesión plenaria.

47. Las Comisiones pueden ser Permanentes Legislativas o no Legislativas, además de las de Estudio o de Investigación que puedan aprobarse en cada legislatura.

48. En el caso de las Comparecencias existe un turno inicial adicional para que el grupo proponente motive la comparecencia solicitada.

49. Esteban Greciet García, letrado de la Asamblea de Madrid, escribió en 2020 "La Asamblea de Madrid y el COVID-19: lo que nunca se debió suceder" en *Cuadernos Manuel Giménez Abad, El Parlamento ante la COVID-19*. Un monográfico sobre el impacto de la pandemia en las instituciones a través de un análisis individualizado de lo sucedido en las Cortes Generales y en once Parlamentos Autonómicos.

50. VOX, Grupo Parlamentario (2020, 6 de noviembre). Recursos de inconstitucionalidad y amparo de VOX al Estado de Alarma de Sánchez-Iglesias. *VOX España*. https://www.voxespana.es/grupo_parlamentario/recurso-inconstitucionalidad-amparo-vox-estado-alarma-texto-integro-20201106

51. Extraído de la comparecencia pública de Ayuso desde la Puerta del Sol sobre el anuncio de elecciones anticipadas el 10 de marzo de 2021. @ComunidadMadrid]. (2021, marzo 10). Comparecencia de la presidenta Isabel Díaz Ayuso [Tweet].

52. La Organización Mundial de la Salud (OMS) decretó el fin de la emergencia sanitaria internacional el 5 de mayo de 2023.

53. Aunque la portavoz de esta materia era la señora Rubio, fue Rocío Monasterio la que defendió la propuesta, haciendo gala de una de las banderas de la formación ultra.

54. También sería interesante indagar las diferencias en la repercusión mediática de los discursos realizados en diferentes horarios dentro de una sesión plenaria. La estructura del orden del día está reglada, comenzando con las preguntas de respuesta oral.

55. En los casos en los que el título de la iniciativa podría encajar en dos categorías, el visionado de las sesiones fue clave para decidir la ubicación de esta en base al contenido del discurso.

56. Las fuentes utilizadas han sido la mediateca de la Asamblea de Madrid y los Diarios de Sesiones.

57. Morales et al. (2015) en Ortiz Barquero, P., Ruiz Jiménez, A. M.ª y González Fernández, M. T. (2020). Op.cit. (p.217).

58. Ferreira, C. (2019). Op.cit. (p.81)

59. Ortiz Barquero, P., Ruiz Jiménez, A. M.ª y González Fernández, M. T. (2020). Op.cit. (p.217).

60. Wieviorka, M., Álvarez-Benavides, A., & Toscano, E. (2021). "La sociología del sujeto y el estudio de las nuevas extremas derechas: Una conversación con Michel Wieviorka". *Encrucijadas. Revista Crítica de Ciencias Sociales*, 21(2), e2103. (p.7)

61. Cabezas González, A. (2021). "Los feminismos ante la nueva extrema derecha: prácticas de acuerpe y sororidades estratégicas para la construcción de un horizonte de equidad e igualdad. *Encrucijadas. Revista Crítica de Ciencias Sociales*", 21(2), r2104. (p.9).

62. Pleno 19 de noviembre de 2020. PCOP-3041/2020 RGEP.26688. *Pregunta de respuesta oral en Pleno del diputado Sr. Ruiz Bartolomé, del Grupo Parlamentario Vox en Madrid al Gobierno, se pregunta si ha considerado el Gobierno incluir un plan de ahorro en los próximos presupuestos que permita rescatar a los autónomos madrileños*

63. Según el artículo 49.c del Reglamento de la Asamblea, la Mesa debe de "calificar los escritos y documentos de índole parlamentaria, resolver sobre la admisión o inadmisión a trámite de estos y decidir su tramitación, con arreglo a lo dispuesto en el presente Reglamento". Este órgano de decisión está compuesto por una Presidencia, tres Vicepresidencias y tres Secretarías y es votado en Pleno.

64. Pleno 1 de diciembre de 2022. PCOP-2615/2022 RGEP.21376. *Pregunta de respuesta oral en Pleno de la diputada Sra. Rubio Calle, del Grupo Parlamentario Vox en Madrid al Gobierno, sobre medidas que lleva a cabo el Gobierno para prevenir posibles contenidos ideológicos en la enseñanza en los centros educativos de la Comunidad de Madrid.*

65. Pleno 16 de diciembre de 2021. *Toma en consideración de la Proposición de Ley PROP.L-10(XII)/2021 RGEP.16108, del Grupo Parlamentario Vox en Madrid, de igualdad y no discriminación de la Comunidad de Madrid.*

66. Piketty (2019: 16 y 1191) en Aragón Falomir, J. (2021). "¿Emergencia de la derecha radical en México? El caso del Frente Nacional Anti-AMLO". *Encrucijadas. Revista Crítica de Ciencias Sociales*, 21(2), a2114. (p.5).

67. Ostiguy y Roberts (2016: 29) en A Aragón Falomir, J. (2021). Op.cit. (p. 5).

68. Klemperer, V. (2001): *LTI: La Lengua del Tercer Reich. Apuntes de un filólogo.* Ed. Minúscula. Barcelona (p. 335).

69. Bude, H. (2022). *La sociedad del miedo.* Barcelona. Herder. (p.122)

70. Pleno 12 de diciembre de 2019. PNL-105(XI)/2019 RGEP.10970 - RGEP.11722(XI)/2019. *Proposición No de Ley del Grupo Parlamentario Vox en Madrid, con el siguiente objeto: la Asamblea de Madrid insta al Consejo de Gobierno a: a. Adoptar medidas que tiendan a la introducción de un sistema de cheque escolar; b. Hacer valer en todos aquellos órganos competentes en los que la Comunidad de Madrid esté presente, los beneficios que para la libertad y la igualdad tiene un sistema de cheque escolar, y c. Solicitar al Gobierno de la Nación que adopte medidas para la introducción de un sistema de cheque escolar.*

71. Pleno 17 de octubre de 2019. PCOP-297(XI)/2019 RGEP.7527. *Pregunta de respuesta oral en Pleno del diputado Sr. Arias Moreno, del Grupo Parlamentario Vox en Madrid a la Sra. Presidenta del Gobierno, sobre planes que tiene previstos para el colectivo de MENAS y su inserción una vez alcanzada la mayoría de edad. Recibido escrito (RGEP.8101(XI)/2019) comunicando que la pregunta será formulada por la Ilma. Sra. Doña. Rocío Monasterio San Martín.*

72. Mudde, 2007 en Ferreira, 2019. Op.cit. (p.81)

73. Pleno 16 de diciembre de 2021. Op. Cit.

74. Moreno Moreno, S. y Rojo Martínez, J.M. 2021. Op.cit. (p.3)

75. Klemperer, V. (2001). Op.cit. (p. 320).

76. Eco, U. (2011) en Moreno Moreno, S. y Rojo Martínez, J. M. (2021). (p.6)

77 Pleno: 11 de junio de 2020. PCOP-983/2020 RGEP.10517. *Pregunta de respuesta oral en Pleno de la diputada Sra. Monasterio San Martín, del Grupo Parlamentario Vox en Madrid a la Sra. Presidenta del Gobierno, se pregunta cuántos enfermos de COVID-19 mayores de 70 años han sido ingresados en UCI desde el 1-03-20 en los hospitales de la Comunidad de Madrid.*

78. Pleno 16 de diciembre de 2021. Op. Cit.

79. Una idea que se repite a pesar de que tanto el PSOE como el PCE votaron a favor del Proyecto de Constitución en las Cortes y cinco de los seis votos en contra vinieron, precisamente, de diputados de Alianza Popular, partido que dirigía Manuel Fraga y del que es heredero el Partido Popular.

80. Pleno 12 de diciembre de 2019. Op.cit.

81. Pleno 1 de diciembre de 2022. Op.cit.

82. Pleno 16 de diciembre de 2021. Op. Cit.

83. Martínez González, B. (2021). "Un fantasma recorre el mundo: el fantasma de la fascistificación". *Encrucijadas. Revista Crítica de Ciencias Sociales*, 21(2), b2107. (p.6).

84. Klemperer, V. (2001). Op.cit. (p.42).

85. Klemperer, V. (2001). Op.cit. (p.76)

86. Pleno 17 de octubre de 2019. Op.cit.

87. Pleno 2 de marzo de 2023. PCOP-566/2023 RGEP.2168. *Pregunta de respuesta oral en Pleno del diputado Sr. Arias Moreno, del Grupo Parlamentario Vox en Madrid al Gobierno, se pregunta cómo valora la gestión del piso que acoge a menores tutelados sito en el Paseo de la Castellana número 173 de Madrid.*

88. Ricoeur, P. (1989). Op.cit. (p.280).

89. Bude, H. (2022). Op.cit. (pp.16-17).

90. Pérez Castaños, S., & García-Hípola, G. (2021). Op.cit. (p.3).

91. Pleno 16 de diciembre de 2021. Op.cit.

92. Pleno 16 de diciembre de 2021. Op. Cit.

93. Pleno 17 de octubre de 2019. Op.cit.

94. Pleno 11 de junio de 2020. Op.cit.

95. Klemperer, V. (2001). Op.cit. (p.17).

96. Klemperer, V. (2001). Op.cit. (p.17).

97. Pleno 16 de diciembre de 2021. Op.cit.

98. Pleno 19 de noviembre de 2020. Op.cit.

99. Pleno 16 de diciembre de 2021. Op.cit.

100. Pleno 16 de diciembre de 2021. Op.cit.

101. B.O. del E. Núm. 198, 17 de julio de 1954, p.4862

102. Klemperer, V. (2001). Op.cit. (p.87).

103. Klemperer, V. (2001). Op.cit. (p.319).

104. Pleno 17 de octubre de 2019. Op.cit.

105. Klemperer, V. (2001). Op.cit. (p.226).

106. Klemperer, 2001 pp.81-82

107. Gutiérrez-Rubí, A. (2020): *Gestionar las emociones políticas.* Editorial Gedisa, Barcelona, 2ª edición. (pp. 92-93).

108. Bude, H. (2022). Op.cit. (p.12)

Álvarez-Benavides, A., & Toscano, E. (2021). "Investigar la extrema derecha del siglo XXI: características, significados, actores y enemigos". *Encrucijadas. Revista Crítica de Ciencias Sociales*, 21(2), p2102. Recuperado a partir de https://recyt.fecyt.es/index.php/encrucijadas/article/view/92644

Aragón Falomir, J. (2021). "¿Emergencia de la derecha radical en México?" El caso del Frente Nacional Anti-AMLO. *Encrucijadas. Revista Crítica de Ciencias Sociales*, 21(2), a2114. Recuperado a partir de https://recyt.fecyt.es/index.php/encrucijadas/article/view/88179

Arévalo, José María: "Ideología de género. XVII. Los neoderechos, las pseudodiscriminaciones". *Periodista digital*. 11 dic 2019. Disponible en: https://www.periodistadigital.com/tresforamontanos/20191211/ideologia-de-genero-xvii-los-neoderechos-las-pseudodiscriminaciones-689404180763/

Bourdieu, Pierre (2000): "La opinión pública no existe". En *Cuestiones de Sociología*. Madrid: Istmo, pp. 220-232.

Bude, H. (2022). *La sociedad del miedo*. Barcelona. Herder.

Cabezas González, A. (2021). "Los feminismos ante la nueva extrema derecha: prácticas de acuerpe y sororidades estratégicas para la construcción de un horizonte de equidad e igualdad". *Encrucijadas. Revista Crítica de Ciencias Sociales*, 21(2), r2104. Recuperado a partir de https://recyt.fecyt.es/index.php/encrucijadas/article/view/92647

Comunidad de Madrid [@ComunidadMadrid]. (2021, marzo 10). Comparecencia de la presidenta de la Comunidad de Madrid, Isabel Díaz Ayuso. [Tweet]. https://twitter.com/i/broadcasts/1ypKdgloNNrxW

de La Boétie, E. (2008). *Discurso de la servidumbre voluntaria*. Madrid, Editorial Trotta.

Ferreira, C. (2019). "Vox como representante de la derecha radical en España: un estudio sobre su ideología". *Revista Española de Ciencia Política*, (51), 73-98. https://doi.org/10.21308/recp.51.03

Foucault, M. (2024) *Historia de la sexualidad 1. La voluntad del saber*. Madrid. Siglo XXI Editores.

Gómez, Carolina (2022, 28 de febrero). "Los expertos coinciden: Abascal agita el fantasma comunista para borrar las conexiones con Putin". *Cadena SER: Noticias y Radio Online*. https://cadena-ser.com/2022/02/28/los-expertos-coinciden-abascal-agita-el-fantasma-del-comunismo-para-disimular-la-complicidad-de-la-extrema-derecha-con-putin/

Gutiérrez-Rubí, A. (2020): *Gestionar las emociones políticas*. Editorial Gedisa, Barcelona, 2ª edición. (pp. 92-93).

Ibáñez, T. (2003). "El giro lingüístico", en L. Íñiguez (ed.), *Análisis del discurso. Manual para las ciencias sociales*. Editorial UOC.

Klemperer, V. (2001): LTI: *La Lengua del Tercer Reich. Apuntes de un filólogo*. Ed. Minúscula. Barcelona.

Lakoff, G. (1991). *La metáfora en política. Carta abierta a internet*.
 - (2011). "Teoría y aplicación" en *No pienses en un elefante*. Cátedra.

Ley de 15 de julio de 1954 por la que se modifican los artículos 2.° y 6.° de la Ley de Vagos y Maleantes, de 4 de agosto de 1933. *Boletín Oficial del Estado*, 198, de 17 de julio de 1954. www.boe.es /datos/pdfs/BOE//1954/198/A04862-04862.pdf

Lizcano, E (s.f.). *Una introducción al análisis del discurso*.
 - (1999). "La metáfora como analizador social". *EMPIRIA. Revista de Metodología de Ciencias Sociales*. (N.° 2) (pp. 29-60).
 - (2006). "Imaginario colectivo y análisis metafórico" en Lizcano, E. *Metáforas que nos piensan* (pp.37-71). Traficantes de sueños.
 - (s.f.). *Investigando cómo se construye/analiza un imaginario: Retórica e ideología en los discursos expertos sobre la crisis económica*.

Mañas, Beatriz (2008): "La medida de la opinión pública. Una mirada sociológica". En Capellán, G., *Opinión Pública. Historia y*

Presente. Madrid: Trotta, pp. 159-179.

Marantz, Andrew (2020) *La extrema derecha y la libertad de expresión en Internet*. Capitán Swing. Madrid.

Martín, Alba (2021, 17 de mayo). "Quién votó qué y cuándo en cada prórroga de los estados de alarma por el coronavirus". *Newtral*. Recuperado de https://www.newtral.es/votos-a-favor-abstenciones-encontra-estado-de-alarma/20210517/

Martínez González, B. (2021). "Un fantasma recorre el mundo: el fantasma de la fascistificación". *Encrucijadas. Revista Crítica de Ciencias Sociales*, 21(2), b2107. Recuperado a partir de https://recyt.fecyt.es/index.php/encrucijadas/article/view/91648

Mesa de la Asamblea. Acta 22/20, 23 de abril de 2020. XI Legislatura. Recuperado de: https://www.asambleamadrid.es/static/doc/actas/DOC1293816.pdf

Mesa de la Asamblea. Acta 13/20, 11 de marzo de 2020. XI Legislatura. Recuperado de: https://www.asambleamadrid.es/static/doc/actas/DOC1289687.pdf

Moraga, Carmen (2021, 14 de julio). "Vox reclamó el estado de alarma que ahora presume de haber anulado en el Constitucional". *ElDiario.es* https://www.eldiario.es/politica/vox-reclamo-alarma-ahora-presume-haber-anulado-constitucional_1_8136043.html

Moreno Moreno, S., & Rojo Martínez, J. M. (2021). "La construcción del enemigo en los discursos de la derecha radical europea: un análisis comparativo." *Encrucijadas. Revista Crítica de Ciencias Sociales*, 21(2), a2112. Recuperado a partir de https://recyt.fecyt.es/index.php/encrucijadas/article/view/88217

Mulhall, Joe y Khan-Ruf, Safya (2021). "State of hate: far-right extremism in Europe". HOPE not hate Charitable Trust. Londres. Recuperado de: https://hopenothate.org.uk/wp-content/uploads/2021/02/ESOH-report-2020-12-v21Oct.pdf

Ortiz Barquero, P., Ruiz Jiménez, A. M.ª y González Fernández, M. T. (2020). "El caso español y sus implicaciones para el estudio de la ultraderecha: antecedentes y nuevas estrategias de investigación". *Revista de Estudios Políticos*, 188, 199-220. Doi: https://doi.org/10.18042/cepc/rep.188.07

Ortiz Barquero, P., & Ramos-González, J. (2021). "Derecha radical y populismo: ¿consustanciales o contingentes? Precisiones en torno al caso de VOX." *Encrucijadas. Revista Crítica de Ciencias Sociales*, 21(2), a2111. Recuperado a partir de https://recyt.fecyt.es/index.php/encrucijadas/article/view/88123

Pérez Castaños, S., & García-Hípola, G. (2021). "La derecha radical populista en las Elecciones al Parlamento Europeo 2019. Diferencias y similitudes en la dinámica de comunicación". *Encrucijadas. Revista Crítica de Ciencias Sociales*, 21(2), a2110. Recuperado de https://recyt.fecyt.es/index.php/encrucijadas/article/view/88000

Potter, J. (1998). "Discurso y construcción", en *La representación de la realidad. Discurso, retórica y construcción social* (pp. 95-158). Paidós.

Ramírez, Víctor M. (2016, 17 de mayo). "Los homosexuales durante el franquismo: vagos, maleantes y peligrosos". *ElDiarios.es* https://www.eldiario.es/canariasahora/premium-en-abierto/homosexuales-vagos-maleantes-peligrosos_1_3991002. html

Ricoeur, P. (1989). "Geertz" en Ricoeur, P. *Ideología y utopía*. Gedisa.

Sánchez-Iglesias, E., Sánchez-Jimenez, V., & Fernández-Vázquez, G. (2021). "El programa del Frente Nacional francés a la luz de la teoría de las fórmulas ganadoras". *Encrucijadas. Revista Crítica de Ciencias Sociales*, 21(2), a2113. Recuperado a partir de https://recyt.fecyt.es/index.php/encrucijadas/article/view/88067

Sánchez, R., Biosca, J. (2022, 16 de abril). "Radiografía del voto a la extrema derecha en Europa". *elDiarios.es* https://www.eldiario.es/internacional/radiografia-voto-extrema-derecha-europa-crece-paises-son-excepciones-diferencian-partidos_1_8891745.html

Solano Gallego, E., Bringel, B., & Álvarez-Benavides, A. (2021). "Las derechas radicales contemporáneas en Brasil (y América Latina): aprendizajes y desafíos para las izquierdas: Una conversación con Esther Solano y Breno Bringel". *Encrucijadas. Revista Crítica de Ciencias Sociales*, 21(2), e2106. Recuperado a partir de https://recyt.fecyt.es/index.php/encrucijadas/article/view/92663

Swidler, A. (1997): "La cultura en acción: símbolos y estrategias", *Zona Abierta* nº 77-78, pp. 127- 162.

Turner, T. S. (2006). "Tropos, marcos de referencia y poderes". *Revista de Antropología Social*. Cornell University.

VOX, Grupo Parlamentario (2020, 6 de noviembre). Recursos de inconstitucionalidad y amparo de VOX al Estado de Alarma de Sánchez-Iglesias. *VOX España*. https://www.voxespana.es/ grupo _parlamentario/recurso-inconstitucionalidad-amparo-vox-esta-do-alarma-texto-integro-20201106

Weber, M. (1979). *Economía y Sociedad*. México. Fondo de Cultura Económica (p.43).

Wieviorka, M., Álvarez-Benavides, A., & Toscano, E. (2021). "La sociología del sujeto y el estudio de las nuevas extremas derechas: Una conversación con Michel Wieviorka". *Encrucijadas. Revista Crítica De Ciencias Sociales*, 21(2), e2103. Recuperado a partir de https://recyt.fecyt.es/index.php/encrucijadas/article/view/92658

Anexo: Iniciativas parlamentarias de VOX analizadas

XI Legislatura

COVID 19. - PCOP-983/2020 RGEP.10517.

Pregunta de respuesta oral en Pleno de la diputada Sra. Monasterio San Martín, del Grupo Parlamentario Vox en Madrid a la Sra. Presidenta del Gobierno, se pregunta cuántos enfermos de COVID-19 mayores de 70 años han sido ingresados en UCI desde el 1-03-20 en los hospitales de la Comunidad de Madrid.

- Diario de Sesiones de la Asamblea de Madrid. Número 192. Sesión Plenaria, 11 de junio de 2020. XI Legislatura (pp.10297-10299). https://www.asambleamadrid.es/static/doc/publicaciones/XI-DS-192.pdf

EDUCACIÓN.

PNL-105(XI)/2019 RGEP.10970 - RGEP.11722(XI)/2019.

Proposición No de Ley del Grupo Parlamentario Vox en Madrid, con el siguiente objeto: la Asamblea de Madrid insta al Consejo de Gobierno a: a. Adoptar medidas que tiendan a la introducción de un sistema de cheque escolar; b. Hacer valer en todos aquellos órganos competentes en los que la Comunidad de Madrid esté presente, los beneficios que para la libertad y la igualdad tiene un sistema de cheque escolar, y c. Solicitar al Gobierno de la Nación que adopte medidas para la introducción de un sistema de cheque escolar.

- Diario de Sesiones de la Asamblea de Madrid. Número 103. Sesión Plenaria, 12 de diciembre de 2019. XI Legislatura (pp. 5147-5150 / 5160-5161). www.asambleamadrid.es/static/doc/publicaciones/XI-DS-103.pdf

PRESUPUESTO. - PCOP-3041/2020 RGEP.26688.

Pregunta de respuesta oral en Pleno del diputado Sr. Ruiz Bartolomé, del Grupo Parlamentario Vox en Madrid al Gobierno, se pregunta si ha considerado el Gobierno incluir un plan de ahorro en los próximos presupuestos que permita rescatar a los autónomos madrileños.

- Diario de Sesiones de la Asamblea de Madrid. Número 296. Sesión Plenaria, 19 de noviembre de 2020. XI Legislatura (pp. 18159-18150). www.asambleamadrid.es/static/doc/publicaciones/XI-DS-296.pdf

MENORES. - PCOP-297(XI)/2019 RGEP.7527.

Pregunta de respuesta oral en Pleno del diputado Sr. Arias Moreno, del Grupo Parlamentario Vox en Madrid a la Sra. Presidenta del Gobierno, sobre planes que tiene previstos para el colectivo de MENAS y su inserción una vez alcanzada la mayoría de edad. Recibido escrito (RGEP.8101(XI)/2019) comunicando que la pregunta será formulada por la Ilma. Sra. Doña Rocío Monasterio San Martín.

- Diario de Sesiones de la Asamblea de Madrid. Número 46. Sesión Plenaria, 17 de octubre de 2019. XI Legislatura (pp. 1600-1601) www.asambleamadrid.es/static/doc/publicaciones/XI-DS-296.pdf

XII Legislatura

EDUCACIÓN. PCOP-2615/2022 RGEP.21376.

Pregunta de respuesta oral en Pleno de la diputada Sra. Rubio Calle, del Grupo Parlamentario Vox en Madrid al Gobierno, sobre

*medidas que lleva a cabo el Gobierno para prevenir posibles conte-
nidos ideológicos en la enseñanza en los centros educativos de la
Comunidad de Madrid.*

- Diario de Sesiones de la Asamblea de Madrid. Número 366.
Sesión Plenaria, 1 de diciembre de 2022. XII Legislatura (pp.
21675-21677). www.asambleamadrid.es/static/doc/publicaciones/
XII-DS-366.pdf

LGTBI.
*Toma en consideración de la Proposición de Ley PROP.L-
10(XII)/2021 RGEP.16108, del Grupo Parlamentario Vox en
Madrid, de igualdad y no discriminación de la Comunidad de
Madrid.*

- Diario de Sesiones de la Asamblea de Madrid. Número 120.
Sesión Plenaria, 16 de diciembre de 2021. XII Legislatura (pp.
6698-6701 / 6713). www.asambleamadrid.es/static/doc/publicacio-
nes/XII-DS-120.pdf

MENORES. PCOP-566/2023 RGEP.2168.
*Pregunta de respuesta oral en Pleno del diputado Sr. Arias
Moreno, del Grupo Parlamentario Vox en Madrid al Gobierno, se
pregunta cómo valora la gestión del piso que acoge a menores tutelados sito en el Paseo de la Castellana número 173 de Madrid.*

- Diario de Sesiones de la Asamblea de Madrid. Número 428.
Sesión Plenaria, 2 de marzo de 2023. XII Legislatura (pp. 25137-
25138). https://www.asambleamadrid.es/static/doc/publicaciones/
XII-DS-428.pdf

www.sequitur.es